遂人氏
心火相传

# 陆弃说古代人物小史

陆弃 著

华龄出版社
HUALING PRESS

责任编辑：王　旺
责任印制：李未圻

**图书在版编目（CIP）数据**

陆弃说古代人物小史 / 陆弃著. -- 北京 : 华龄出版社，2020.11
ISBN 978-7-5169-1779-4

Ⅰ. ①陆… Ⅱ. ①陆… Ⅲ. ①历史人物－生平事迹－中国－古代 Ⅳ. ①K820.2

中国版本图书馆 CIP 数据核字（2020）第 228937 号

书　　名：陆弃说古代人物小史
作　　者：陆　弃

出 版 人：胡福君
出版发行：华龄出版社
地　　址：北京市东城区安定门外大街甲 57 号　邮　　编：100011
电　　话：010-58122246　传　　真：010-84049572
网　　址：http://www.hualingpress.com

印　　刷：北京楠萍印刷有限公司
版　　次：2021 年 2 月第 1 版　2021 年 2 月第 1 次印刷
开　　本：710 毫米 ×1000 毫米　1/16　印　　张：13.25
字　　数：156 千字
定　　价：42.00 元

# 序言：传记文学的新突破

这部书名为《陆弃说古代人物小史》，看书名，很是有一股子吸引力，便翻来看看。

看书当然先看目录，看到自己感兴趣的标题，便直接看相应正文。在阅读过程中，本书越看越让人觉得趣味横生，颇感此书在传记文学写作方面有新的突破。就目前传记文学而言，为五行八作、三教九流的人作传，是最为流行的，而以有名气、有脾气、有作为的皇帝名臣为优选，说起来十分新颖，此是一个突破。

无论如何，帝王在历史运行中的作用是举足轻重的，此书45篇文章中有21篇写的是皇帝，这就突破了一般的选材框架。加之作者文笔老辣，使得本书韵味厚重，余韵悠远。

本书的第一个人物是周幽王，乍看觉得这不像一个历史的开头啊，但是看下去很有意思，周幽王烽火戏诸侯，起码这一段年代、这一段历史可考，不但有记载，还有同期文物出土。最重要的是，这写的是一个失败的、有故事的君主，所以名列前茅。这种选法、写法就迎合了读者的需要。

又比如汉武帝，他是一个人们说透了、说熟了的帝王，可是他为了防后宫干政，竟然开了“立子杀母”的先河。这件事情在史学工作者的笔下往往被一笔带过，可本书却把它作为一个专题拿出来，探讨母亲内心的矛盾——有的母亲冒着生命危险，仍然为儿子奔走，图谋大位；有的母亲则避开宫斗，力保母子平安。这些故事也是常人津津乐道的素材。

本书回答历史问题也是很有意思的，比如说吧，李广为什么难封？王莽为什么失败？这两个问题人们都很关注，但是在一个新的时代给出了一个新的解答，这是人们所期待的。

谁也绕不开三国，所以本书写了曹操，写了刘备，其中一个很重要的原因就是东汉皇帝大多短命，为什么短命呢？这无疑能够带领读者进入文章主题。

令我兴奋的是此书写了侯景，此人自封“宇宙大将军”，古往今来独一人。妙，实在是妙。

关于“苏秦系六国相印，合纵六国以抗秦”的历史，曾经是热门历史问题，而此书冷静地分析了当时的情景，“合纵”不成不是技术问题，除了六国各怀鬼胎之外，民众对统一、和平的渴求才是最重要的。

同是这个历史阶段中，“劝君少骂秦始皇：六国终结者为什么‘弃儒从法’？”站在历史发展的高度进行阐释，从精神需求、历史走向给以回答，除了释疑解惑以外，于行文中展示的历史辩证法，留给人颇深的印象。

张骞被写成“‘一带一路’的先行者”。这个人物和同时代的历史，似乎应该有一个更为充分的表达。目前的“一带一路”倡议旨在发展贸易、促进经济发展。张骞的时代，“武昭宣”三代，并未因此而使得汉与西域诸国的贸易得到发展，后来许久——乃至久到东汉方见成效。这是应该注意的。

王莽发起了历史上第一次奔向“大同”社会的实验，却失败了。这个问题的提出无疑是重要的，也有多人阐释。此文虽有论及，但意犹未尽，也可能是篇幅所限吧。

《东汉为何多外戚、宦官干政？》《东汉皇帝为何大多短命？》乃至后两篇《三国：从军阀混战走向三足鼎立》《悲剧的曹操：不称帝，是因心有大愿，但未捷身先死》通过典型事例和典型人物展示了这个混乱时代的历史，很有意思。“三国”之前的历史许多人还很陌生，通过人物传记来熟悉一下，对进一步考察这段历史颇有助益。以《爱哭的刘备和扶不起的阿斗，为何能分庭三国四十年？》来结束这个历史阶段，也有助于读者的阅读。

在思维的走向上，三国之后的魏晋风流，探讨名士清谈的背后，是许多文人的夙愿，本人也曾进行过探讨，但本文不乏一些新的见解，这的确难能可贵。尤其是本书从实际上解释了“西晋之亡：上层忙于享受，文人忙于清谈”的社会现象，振聋发聩。掩卷之际，思绪久久离不开这个课题。

当然苻坚与王猛的君臣搭配，隋文帝与独孤皇后的夫妻搭配，也是令人浮想联翩。

最为显眼的题目是《侯景：自封宇宙大将军，古往今来独一人》，无疑谁都想要看看、了解一下这个狂人在混乱历史中的身影闪动。

而梁武帝萧衍这个乱世之中的佛系皇帝，竟然是饿死的，这实在是莫大的讽刺，也反衬出了佛系的无力，这在乱世之中被认识得十分清晰。

而在这样的时代里，诞生了萧综这样的“滴血认亲”的古代亲子鉴定第一人，也会引起读者的阅读兴趣。关键是其掘开了母亲所说的墓葬，以自己的血滴向残败骸骨，证明了自己血统的归属，这一举动实则颇为不简单。

高长恭、韩擒虎，都是一代名将，为他们作传也是应该的。

无疑，作者对唐朝是十分厚爱的。42 个人物个案，唐朝竟然占了四分之一。所选的人物有：唐太宗李世民、唐朝时期的留学生王玄策——这个唐朝最牛外交官、武则天这个中国历史上唯一的女皇帝、上官婉儿这个一代传奇女宰相，还有不太熟悉的仆固怀恩、张巡等。

当然，为历史人物画出群像，也是有必要的。这里有“让大唐由盛转衰的节度使”“乱世的宦官”，竟然视皇帝如草芥。此书也写了“永贞革新”，并称之为最早的“百日维新”。

但是，犹有未足。唐朝最为精彩的时代是在唐玄宗时期，有特点、影响大的人物也以此时为最；所以，我们没有看到唐玄宗、郭子仪、安禄山、史思明的身影还是略有遗憾的。

本书给了五代十国一个名额，《缺乏长期意识，皇位更迭“短平快”的五代十国》是个综述，差强人意。

《不杀武功臣和文大夫，宋朝成为“网红穿越朝代”》此为一综合性文章，但我不强调宋朝，为何不强调宋朝？是的，宋朝人物太多，确实不好选择。那是一个文化巅峰的时代，仰望巅峰，杰出人物有如星斗璀璨。《宋朝重文轻武的背后：宁可重用文人贪官，也得卸下武将包袱》又是一篇综述。后两个人物，《南宋的开国皇帝赵构，是偏安一隅还是游刃于南北？》《辛弃疾：乱世书生的别样人生》也是较好的选择了。

和宋朝共始终的辽代只写了《耶律德光：中国唯一一个“木乃伊”皇帝》，有些寂寥冷落的感觉。如果站在山海关北望，在那茫茫的雪原上，契丹一族也有着非常精彩的历史，从辽太祖耶律阿保机到辽道宗耶律洪基等历代辽帝的逸闻野史，话题应该令人很兴奋。更何况，真正改变了中华民族进程的金朝无一人入选，很是憾事——只能有机会再补了。

后面的朱元璋、朱棣，“明末三大案”也不用多说了。《明清对藩王的管理：明朝王爷不能进，清朝王爷不能出》这个题目令人耳目一新。“王”与“皇”的对立与争议是历史上一大课题，本文给予了回答，自成一家，很值得称道。

《清朝皇帝个个勤政，为何也挡不住国家衰落？》直接的回答是“制度问题”，这篇文章写得好。

而翻到最后两篇，作者是按照时间顺序先写纳兰性德，后写左宗棠。我觉得从全书的结构看，不妨将左宗棠放在前面，将疆土稳住，然后再吟风弄月。纳兰性德，永远的美感。本书也是如此。

**王德恒**

2020 年 10 月 20 日

# 目　录

# 大乱时代：周幽王开启了《朝代歌》里乱悠悠的五百年

“唐尧虞舜夏商周，春秋战国乱悠悠。秦汉三国晋统一，南朝北朝是对头。隋唐五代又十国，宋元明清帝王休。”有名的《朝代歌》，把春秋战国时代定性为“乱悠悠”时代。中华五千年历史，第一个“大乱”时代就是“春秋战国”时代，随后还有“三国两晋南北朝”时期，“五代十国”时期也是有名的大乱时代之一。

春秋战国时代，礼乐崩坏，各国征战不已，出现了春秋五霸、战国七雄，最后由秦朝一扫六合，统一华夏。那个时期，周天子没了公信力，君不像君；各诸侯国之间征战相残、诸侯内部兄弟反目、臣子杀君等现象比比皆是，而诸子百家则纷纷登上了历史舞台。

## 周幽王开启春秋战国时代

在春秋战国之前，经历了夏朝、商朝、西周。西周末期，周朝王权逐渐式微，之后进入东周即春秋战国时代，要了解这个时代，首先离不开介绍一个人物，他就是周幽王。

周幽王名叫姬宫涅。在周幽王之前，虽然国内并不太平，但天下尊周天子为君，总算有统一秩序。周幽王是个典型的昏君，众所周知的“烽火戏诸侯”，就是周幽王的杰作，他为了哄褒姒一笑，对诸侯们导演了一幕“狼来了”的闹剧。褒姒倒是笑了，但诸侯们从此对周幽王失去了敬畏之心，他下达的命令成了戏言。并且，周幽王为了哄褒姒开心，立褒姒为后，立褒姒的儿子姬伯服为太子，废了原来的太子姬宜臼，他这种倒行逆施的国策破坏了传统的废立规矩，导致了国丈申侯的反抗，致使申侯“引狼入室”，联合犬戎进攻周朝首都镐京，而诸侯因为周幽王失去公信力不来救，最终导致西周王朝灭亡。

周幽王死后，诸侯们拥立前太子姬宜臼为王，是为周平王。周平王为避犬戎之难，迁都洛邑。周平王继位同时，诸侯虢公翰拥立周幽王之弟姬余臣为天子，史称周携王。两位周天子各有拥立的诸侯。后来周携王被支持周平王的晋文侯杀害，周王朝才再度重新统一。天下诸侯轻视周天子的时代开启，有许多诸侯不来朝贡，春秋战国时代到来了。

## 分封制的“分无可分”是兼并战争的“总祸根”

春秋战国时代最鲜明的一个特点，就是兼并战争。东周开始的时候，天下有几百个诸侯国，这些诸侯国有大有小，明面上尊奉周天子为君，实际上各自为政，分化成一个个小王国，除了朝贡以外，财政、军事、税收等几乎都是独立的。为什么一个大国，下面会有这么多小国呢？究其原因，这种“国中国”局面的出现，很大程度上是由周王朝制度决定的。

周朝灭了商朝，大封诸侯。分封的对象，主要是周王朝姬姓王室以及开国勋贵。分封的爵位有公、侯、伯、子、男五等。据记载，周初分封了七十一国，其中姬王室子弟有五十三国，占了绝大多数。其余为外姓王国，比如姜子牙封在了齐国。还有前朝君王的后代，如尧舜禹的后代，商王的后代，都被封了诸侯。所谓“封建”，即封邦建国。是古代帝王把爵位、土地分赐亲戚或功臣，使之在各自区域内建立邦国。相传黄帝为封建之始，至周制度始备。

分封的诸侯，都有自己的封地，起初还太平，各安其地。这些王公贵族们，会生育很多子女，往往一个诸侯王，会生育很多儿子。这些儿子也有被分封的要求，如果处理不当，就会发生争端。诸侯王的子孙越来越多，但被封的国土有限，最终会造成“分无可分”的尴尬局面，而这种矛盾随时可能引发内乱。都是王孙贵族，谁也不愿喝西北风，他们又没有普通老百姓安贫乐道的心态，总有一天会因为“分赃不均”打起来。比方鲁国，老贵族、新贵族、当朝公子、三桓支庶矛盾重重，最后内乱一起，三桓取胜，鲁昭公竟然被逼逃往齐国。连国王都跑了，怎一个乱字了得！

## 大乱时代的“百家争鸣”，都在寻求救世之道

在文化上，春秋战国时代也“乱”了起来，所谓乱世出英雄，这个英雄并不单纯指军事战场上的英雄，在文化战场、思想战场上，照样是群雄并出。春秋战国时代，是中国群星璀璨的时代，出现了许多思想家。百家争鸣，其实不是百家，是多的意思，这其中比较著名的有儒家、道家、法家、兵家、农家、纵横家、墨家、名家、阴阳家、杂家、小说家、方技家等。他们的代表人物则有孔子、孟子、荀子、老子、列子、庄子、韩非子、李斯、申不害、孙武、孙膑、吴起、许行、惠孙、墨子、吕不韦、鬼谷子、苏秦、张仪等。

正如孔子周游列国、墨子游说列国、苏秦佩六国相印一样，各家纷纷提出各种政治和思想主张，都在各自的领域里提出救世之道，而这些救世之道，要想得到执行，必须得到诸侯国的响应。那个时期，“叛国”

现象比比皆是。不管是哪国人，能得到重用才是硬道理。所以我们看到很多客卿，也看到许多贵族养了许多门客，著名的孟尝君等四公子就养门客多达几千人。人才们各抒己见，就连鲁班还与墨子发生过争执呢，一攻一守，最后墨子胜出。其实本意都是好的，都是为了寻求救世之道。

幸运的是，经历了那个大乱时代，中国诞生了许多哲学大家，孔子、老子、孙子、墨子这些世界级的大家脱颖而出，直到现在他们的思想还在影响着世人。

## 蛮夷戎狄对中原各国虎视眈眈，趁机动手

周天子失去了公信力，各诸侯国之间互相兼并争霸，出现了春秋五霸、战国七雄。那个时代中原地区的边境也不消停，蛮夷戎狄趁机动手，侵略中原。所以我们看到的秦汉时代的匈奴之害、魏晋南北朝时期的五胡之害、隋唐时期的突厥之害以及宋辽夏金蒙古（元）之间的纷争，其实早在春秋战国时期就埋下了争斗的种子。春秋战国时期的蛮夷戎狄对中原的侵略，一点也不逊色于后世的大规模战争，只不过是消逝于历史洪流中，不被人们注意罢了。

西周本来是一个强大的王朝，凭一个诸侯的力量是不可能被灭掉的，因为一个诸侯攻击周王朝，会遭到其他诸侯的联合攻击。灭掉周朝的最主要的一股力量，便是被称为犬戎的西北游牧民族。犬戎又称畎夷、犬夷、昆夷、绲夷等，殷周时，生活在今天的陕、甘一带。“昔高辛氏有犬戎之寇”，可见，犬戎从“五帝”时就存在了，可谓历史悠久。在周天子复仇的心态鼓励下，中原诸侯最终击败了犬戎，占领了原来犬戎拥有的大片土地。

燕山一带生活的戎人部落主要是山戎，春秋战国时期，燕国除了与中原民族争霸外，最大的外敌就是山戎。山戎在公元前7世纪实力渐强，时

常入侵郑、齐、燕等国，曾经侵占燕国大片土地，燕桓侯为躲避山戎的攻击，被迫迁都到了临易。齐桓公称霸时，燕国的燕庄公向齐桓公求救，齐桓公率领多国部队攻击山戎，灭掉了山戎的孤竹部、令支部，才保全了燕国。

春秋战国时期，在今天的河北、陕北、山西一带，齐国、郑国还有一个外敌北戎，当时的小霸主郑庄公正面迎敌处于下风，但郑庄公强在谋略出众，设计将北戎引入埋伏圈重创之；齐国联合郑国组成“两强联盟”，又一次击败北戎，俘虏其首领；第三次攻击北戎是齐国联合许国，给其造成巨大杀伤。需要两大强国组成联军对付，从一个侧面证实了北戎的厉害。

正北方有一个部族名叫北狄，也是一个超级强的存在，北狄先后灭亡了邢国和卫国两个中等国家，即便是春秋五霸第一霸齐桓公率领多国部队击败北狄，也只能帮助邢国和卫国异地复国，因为原来的国土已被北狄部落迁居了。齐国、晋国这样的中原大国，单凭一己之力，也很难轻易战胜北狄，而是双方互有胜负，可见北狄之强大。不过，北狄最终还是亡在晋国手里，晋国在春秋称霸之时，最辉煌的战绩之一就是灭亡北狄。

赵武灵王“胡服骑射”的故事我们耳熟能详，赵武灵王是一个很有作为的诸侯王，除了与秦国争霸以外，赵国最大的功绩就是在抗击林胡、楼烦、东胡等游牧民族部落中取得胜利，学习人家的长处转而击败之。赵武灵王灭掉的中山国，实际上是春秋时由白狄建立的国家，号称九千乘，是当时仅次于战国七雄的大国。赵国名将李牧，曾大败匈奴、东胡，十万匈奴大军被李牧歼灭，是春秋战国时期中原王朝对匈奴最大的一次战役。秦国对游牧民族的战争也从未停歇，那个灭亡西周的犬戎，就是秦国击败的，之后秦国辟地千里，实力大增。西戎部落的另一支——义渠，与秦国较量了四百年，最终还是不敌秦国，被秦所灭。

### 由“尊王攘夷”到“独霸天下”，秦始皇最后胜出

春秋战国时期，是从西周灭亡而迁都开始的。最开始的小霸王，是郑庄公，因为郑国帮助周天子复了国。周平王最感恩的人，便是郑庄公。但郑国的实力，最后被齐国远远地超越了。齐桓公在管仲的辅佐下，制定了“尊王攘夷”的国策，其实这是最早的“挟天子以令诸侯”，齐桓公打着周天子的旗号，征伐不听话的国家，这一招屡试不爽。

有了齐桓公成功的例子，春秋其他争霸的霸主们，宋襄公、晋文公、楚庄王、秦穆公、吴王夫差、越王勾践等人，大多走的就是这个路子。这个路子走得正确，充分说明当时周天子虽然失去了公信力，但在精神上还是一面旗帜，没有人愿意直接挑战周天子的权威。周天子靠这个威信，虽然仅有一小片自己的国土，但小日子过得还是有滋有味的。诸侯之间互相征伐，还没有征伐到周天子的国土上。

但到了战国时期，情况发生了巨大变化。战国七雄不再“尊王攘夷”，改成赤裸裸地争霸天下了。楚国与秦国、齐国这些大的国家，敢于直接挑战周天子权威，或称王，或称帝，敢问鼎。九鼎是周天子掌握国家的象征，问鼎意味着直接挑战周天子的国家权威。称王或称帝，意味着可以与周天子平起平坐。在诸侯国这样的威胁下，周天子也无可奈何，因为诸侯国强大到一定程度，就不是仅仅靠正统权威能够解决的问题。最后秦始皇时代，六国都不是秦国的对手，何况一个傀儡天子。其实早在秦始皇的曾祖父秦昭襄王时，周朝就已经到了末日夕阳，秦“迁九鼎，占王畿”，灭了东周。秦始皇统一六国建立秦朝时，东周已灭亡三十多年了。秦始皇统一六国之战时，是没有周天子见证的。

# 饱经沧桑，重耳最终炼成霸主晋文公

在春秋战国时期，晋文公重耳可算个饱经沧桑的霸主，亲身践行了孟子所说的“天将降大任于斯人也，必先苦其心志，劳其筋骨，饿其体肤，空乏其身，行拂乱其所为，所以动心忍性，曾益其所不能”。晋文公重耳本来没有霸天下之志，但形势逼迫他不得不在流浪十九年后重返晋国，而振兴晋国的大任落在他的肩上，从而开启了他成为霸主的传奇之路。

## 生在王侯之家，惨遭被追杀的命运

晋文公的父亲晋献公，是个晚年孤独、糊涂的君主。本来，晋献公年轻时也算是一代英豪，有名的“假道伐虢”就是晋献公所为，虞国和虢国为其所灭，留下了“唇亡齿寒”的故事。

他在位期间，励精图治，开疆拓土，虞国、虢国、霍国、杨国、芮国、魏国、郇国、耿国、冀国、骊戎、赤狄等国皆为其所灭，史称“并国十七，服国三十八”，与齐国、楚国、秦国并称“四强”，可谓一代雄主。不过，到了晚年，晋献公宠幸骊姬，而这个骊姬和夏朝的妹喜、商朝的妲己一样，是个祸国“妖妃”，她为了自己亲生儿子奚齐继承大统，迫害晋献公的另外三个儿子申生、重耳、夷吾，终于引起了晋国内乱。

重耳就是在这样的背景下逃亡的，不逃就是死啊！

重耳这一逃，就是十九年。父亲活着时，听信妖姬之言要杀他；父亲死后，兄弟夷吾继承大统后也要杀他。真是有家难奔，有国难回。生在王侯之家，却十九年惨遭被追杀的命运，这考验着重耳的坚强意志。重耳流浪了狄国、郑国、卫国、齐国、宋国、曹国、楚国、秦国等八个国家。最困难时，堂堂一国的公子竟沦落到向农夫要饭，结果农夫没给饭吃反而羞辱他，只给了他一块土块，还向他大吐口水。他的随从介子推为了重耳能吃上饭，割下自己大腿上的肉煮野菜给他吃，由此还引出了“寒食节”的由来。

### 周游列国，命运中遇到三个贤妻

在周游列国的过程中，重耳也不乏“艳遇”。他最先逃往的国家是他母亲所在的国家狄国。也就是说，重耳最先选择的是姥姥家。在姥姥家重耳受到了最好的待遇，不但衣食无忧，狄国的国君还把在战争中俘虏的两个大美女赏赐给了他。重耳倒不贪，把其中一个美女赏给了跟随他的大臣赵衰，自己要了一个，这就是他的第一个妻子季隗。季隗是个贤妻良母型的女子，长得好，品德也好，还有长远的眼光。季隗跟重耳生活了十二年，要不是被逼，重耳舍不得离开狄国，更舍不得离开妻子。

重耳的第二个妻子，是他逃亡到齐国后，当时称霸的齐桓公，慧眼识珠，看出重耳是个人才，把宗室之女齐姜嫁给了重耳。这时候管仲已经死了，齐桓公也到了晚年，但他到底是个雄才大略的人，认识到重耳将来前途必不可限量，所以做出了这样一个决定。齐姜和季隗一样，不但长得美，而且行事果断，有巾帼之风。重耳在齐国受到的待遇，不逊于狄国，他在温柔乡里生活了五年，失去了复国之志，齐姜与重耳的大臣们把重耳灌醉，带着他强行离开了齐国。

重耳的第三个妻子，是他逃亡到秦国以后，秦穆公和齐桓公一样，也看出重耳是个人才，将他最宠爱的女儿文嬴嫁给了重耳，还陪嫁了五名宗室之女。重耳虽然逃亡，可艳福不浅。重耳娶了文嬴，就是后世流传的“秦晋之好”的故事。他得到的附加好处是，秦穆公派兵帮他复了国，重耳由流亡公子华丽转身，成了晋国君主晋文公。

## 贤臣辅佐，占尽天下人和

晋文公虽然流亡了十九年，但他的命运其实是不错的。因为他的仁义、大度及睿智，凡有慧眼的人都视他为英雄。就像刘备落魄时也有关羽、张飞、赵云、诸葛亮跟他打天下一样，重耳落魄十九年，许多将相之才就跟了他十九年，狐偃、狐毛、先轸、赵衰、贾佗、魏犨、介子推等人都是当时的大才，介子推甚至割自己腿上的肉给他吃，可谓忠臣中的忠臣。正因为有这些能臣忠心辅佐，重耳才最终复国称霸。

重耳之所以得到天下人才的支持，得到齐国、楚国、秦国、宋国等国的国君礼遇，是他占尽天下人和、个人魅力得到各国明主青睐有加的结果。后来晋文公称霸，与齐桓公并称，被后世称为“齐桓晋文”。

## 报仇报恩，仁义也能成霸主

春秋无义战，但晋文公却是个例外。晋文公是个讲道理、讲信义的君主。他有仇报仇，有恩报恩，赏罚分明，终成大事。

在楚国时，楚成王对他礼遇有加，他答应假如有一天复国，而晋楚迫不得已交战时，他当“退避三舍”。后来晋楚争霸，晋文公果然信守诺言，在城濮之战中“退避三舍”，占据了礼、义上的优势，打造了诚信的形象，并最终战胜了强大的楚国。当年他流亡到曹国时，曹共公曾经羞辱他，他发誓报复曹国。最后，晋国依靠强大的国力灭了曹国，但因为晋文公的大度，并没有杀死曹共公，还让他复位继续当他的曹国国君，因此使曹国弃楚归晋。在对待周王的问题上，晋文公效仿齐桓公，尊王攘夷，赢得了各国的尊重。

晋文公靠他的魅力征服了齐、秦、宋、郑、卫、鲁、陈、蔡、莒、邾等诸侯，并以周天子之命，召集齐昭公、宋成公、鲁僖公、蔡庄侯、郑文公、卫叔武等诸侯国君，盟于践土，最终成为继齐桓公之后的春秋第二代霸主！

# 苏秦：系六国相印，合纵六国以抗秦

苏秦，战国时期的人，鬼谷子的徒弟。传说鬼谷子收徒五百多人，这之中最有名的便是苏秦、张仪。苏秦是首先得享大名的鬼谷弟子，他佩六国相印，合纵抗秦。苏秦活着时，强大的秦国不敢小觑六国。他死后，其师弟张仪才走上历史舞台施展才华，分化瓦解六国势力，最终助秦统一六国。

## 历经辛苦，为实现理想，六国合纵终完成

苏秦和张仪，都是战国时期著名纵横家鬼谷子的高徒。合纵也好，连横也罢，其实都不是为了国家和人民的利益，而只是苏秦和张仪建功立业的手段。这些学有所成的“人才”，迫切需要一个平台。所谓“学得文武艺，货卖帝王家”，只要给他一个平台，也可合纵，也可连横，主要是看他报效哪个君主而已。

苏秦从鬼谷子那里学成后，并没有立即被哪国的君王聘用，他贫困潦倒，连大嫂都看不起他，更别提社会上的其他人。这对苏秦来说是一个巨大的打击。对于文人来说，钱不是最重要的，地位也不是最重要的，尊严最重要。为了获得一个文人应有的尊严，苏秦在家苦读兵书战策。历

史上有“头悬梁、锥刺骨”的故事，“头悬梁”指的是孙敬，“锥刺骨”指的就是苏秦。苏秦自觉学成后，先去拜访周显王，虽然周朝已没落，但毕竟是名义上的天下共主。但不管是周显王还是周显王的大臣们，都对苏秦有成见，认为他就是一个吹牛大王，所以对他采取不信任、不任用的态度。

苏秦离开周朝，前往秦国。如果秦惠王用了苏秦，可能就没有合纵一说了，只有连横。假使这样，或许秦始皇统一六国会提前，也就没有张仪什么事了。可惜，秦惠王也错过了机会，那时候秦国刚刚处死了变法派商鞅，苏秦的本事，很可能是商鞅第二，秦惠王怎么会聘用他，其他保守派的大臣们也不会答应。苏秦最后被秦惠王礼送出境，其志向在秦国也无用武之地。

苏秦于是将目光转向六国。早在鬼谷子那里，苏秦就已经明了天下大势。秦国不用他的连横之术，他就转而向六国推销他的合纵之术，但进展并不顺利。赵国的奉阳君相国赵成并不喜欢苏秦，而燕国虽地处偏邦，但也并没有立即聘用苏秦这个大才，他在燕国呆了一年才见到燕文侯，这时候苏秦抓住了最后的机会，说服了燕文侯。接着，他以燕国为“合纵”根据地，先后说服了赵国、韩国、魏国、齐国、楚国，这六国国君皆表示以苏秦马首是瞻，让他佩六国相印，成为从约长。苏秦的人生愿望终于实现了。

### 暗助师弟，秦与六国“和平”相处有“内幕”

在苏秦佩六国相印、成为六国从约长的十五年时间里，秦国与六国确实没有发生大规模的战争。原因是什么？是苏秦的合纵之术成功了吗？

从苏秦个人事业的角度看，苏秦暂时获得了成功。成功后的苏秦办了两件事：一是荣归故里，《史记》里说“苏秦为从约长，并相六国。北报赵王，乃行过洛阳，车骑辎重，诸侯各发使送之甚众，疑于王者。周显王闻之恐惧，除道，使人郊劳。苏秦之昆弟妻嫂侧目不敢仰视，俯伏侍取食。”连周天子都怕了苏秦，别说他的家人与邻里了，都跪拜相迎，颇有帝王的派头；二是把合纵盟约送交秦国，吓秦王一大跳。可以说，秦国确实有点害怕，因为秦国几代国君的理想，就是统一华夏，如果六国真的团结一致，秦国的统一之路将漫长而困难。

秦国的出路在破坏合纵，用连横之术化解之。这时候另一位主角出现了，他就是苏秦的师弟张仪。苏秦是最先从鬼谷子那里“毕业”出关的弟子，为了缓和六国与秦国的关系，让合纵战略有时间得以巩固，苏秦想出了一个办法，那就是请张仪出山协助他主持合纵，等张仪投奔他后又故意不理他，激怒张仪投奔秦国。张仪果然中了师哥的计，投奔了秦国。苏秦暗中派人资助他，让他得到秦王的信任与重用。直到张仪当了秦国的客卿后，资助他的人才告诉张仪这是苏秦所为，目的是让他的事业得到更好地发展。张仪感恩苏秦对他事业上的帮助，也承认苏秦的计谋比他更加高明，所以向苏秦承诺，在自己当权时，会劝说秦王不进攻苏秦所在的赵国。秦国十五年不敢越函谷关一步，既有六国合纵的原因，又有张仪在秦国报答苏秦之恩的因素。

### 合纵瓦解，苏秦身死师弟，“连横”终胜出

苏秦的合纵术维持了十五年，但最终从内部瓦解了。秦国用连横之计，派使臣犀首用欺骗的手段瓦解齐国和魏国的盟约，诱使这两个国家进攻赵国，赵王责怪苏秦，因为他是从约长。于是苏秦害怕了，借故离

开赵国前往燕国。赵国虽是六国合纵的老大，但维持关系的却是从约长苏秦，苏秦离开后，六国合纵名存实亡。

苏秦在燕国的私生活也不检点，他竟然与燕易王的母亲私通，诡异的是，燕易王知道这件事后不但不怪罪苏秦，反而厚待他。苏秦心虚，害怕被杀，就离开了燕国前往齐国，已经过了合纵的“热恋”期，齐国的大臣们看苏秦不顺眼，于是派人刺杀了苏秦。苏秦一死，六国合纵彻底失败。苏秦死后，张仪大张旗鼓地瓦解六国，六国本来就各有私心，经过秦国挑拨离间与威逼利诱，矛盾公开化。于是秦国各个击破，连横之术取得最终的胜利。

苏秦虽然是从约长，但实际上实权有限，他的合纵术虽然让六国表面上看起来强大，但实际上六国内部矛盾重重，不能形成一个强硬的拳头。更不会在苏秦的统一指挥下，主动进攻秦国、消灭秦国。在合纵维持的十五年时间里，六国也没有利用这短暂的和平时间改革发展壮大，提升国力，反而尽情“享受”和平，以为天下无事了。等苏秦一死，六国的危险重来，只能坐等强大的秦国来攻，自取灭亡了。

# 劝君少骂秦始皇：六国终结者为什么“弃儒从法”？

“劝君少骂秦始皇，焚坑事业要商量。祖龙魂死秦犹在，孔学名高实秕糠。百代都行秦政法，《十批》不是好文章。熟读唐人《封建论》，莫从子厚返文王。”秦始皇，名嬴政，一称赵政，他是最名副其实的“千古一帝”，他以一国之力，扫平六国，仅用十年时间就统一了华夏，建立了中国历史上第一个中央集权的封建王朝。他的出现，影响了中国两千多年历史，从秦朝到清朝，可谓百代都行秦政法，秦朝建立的封建制度体制，构成了严密的中央统治体系，开后世两千年中央官制之先河，为后世历朝沿袭。

**秦国其实早有统一之志，秦始皇是六国终结者**

秦国的历代国君英豪甚多，创建秦国的先祖秦非子是名将之后，养马出身，给秦国奠定了尚武的基因。周平王东迁时，秦襄公因为护驾有功，正式成为列国诸侯。春秋之时，秦穆公成为“五霸”之一，灭西戎十二国，奠定了秦国在列国中的西方霸主地位。秦孝公时，由于重用商鞅，商鞅变法获得成功，使秦国成为列国中最强大的国家。孝公以后，秦国多雄霸之主、能战之将、善谋之才，实际上已经开始了统一中国的进程。

秦孝公的儿子秦惠文王是秦国第一王，公孙衍、张仪、司马错、樗里子、魏章等为其羽翼，“北扫义渠，西平巴蜀，东出函谷，南下商於”，为秦国统一奠定基础；秦武王时，重用名相甘茂，拔宜阳，置三川，再为秦国开疆拓土。尤其是当甘茂久攻韩国宜阳不下时，秦武王与甘茂坚持君臣所定的“息壤之盟”，不顾群臣退兵的建议，终获最后胜利。

秦昭襄王时，文有范雎，武有白起，在长平之战中大败赵国，坑杀赵俘四十余万，震惊天下，不但赵国从此衰落，齐、楚等大国也败在秦国的坚兵铁甲之下，魏国的河东、南阳，楚国的黔中和楚都郢都并入秦土；秦始皇的老爸秦庄襄王虽只当了三年秦王，但他在位期间文有名相吕不韦，武有猛将蒙骜、王龁，灭东周，败韩、魏，也占领了不少他国的土地。到秦王嬴政即位时，秦国在列国之中已成超级大国，不是一个国家可以匹敌的。

秦始皇是六国终结者，他在位时，文有李斯、尉缭等谋臣，武有王翦、王贲、李信、蒙武等能征善战之将，尤其是王翦、王贲父子，六国之中有五国是为其所灭。从秦国的发展历史上看，秦始皇能统一中国，不只是他一个人的功劳，而是秦国历代国君共同的努力，至少是包括秦始皇在内的七代国君的努力。只不过，我们应该承认，秦始皇是灭六国最大的功臣，他一生为平定天下而努力，经过十年征战，终获成功。经过七代的量变，到秦始皇这里达成质变，中国从此开始了大一统的历史。

### 秦始皇雄才大略，六国末代国君个个昏庸

秦始皇之所以能灭六国，与秦始皇的雄才大略和六国君主的昏庸无能有很大关系。秦始皇志在统一，而六国君主志在自保。秦始皇大力吸引人才，除秦国本土的人才外，其他国家的人才来而不拒。虽然短时间因为生吕不韦的气而“逐客”，驱逐外国人才，但在李斯的一封《谏逐

客书》的劝谏下，立即改变了决定，并追回了李斯等人才加以重用。秦始皇采取了“远交近攻”的正确连横战略，成功地击破了六国的军事联盟。

相比秦始皇，六国的末代国君可谓个个是昏庸之主。

我们先来说说韩国。到韩桓惠王时，韩国已成为列国中最弱小的国家。韩国这个地方，是四战之地，被秦国、齐国、楚国、魏国所包围，且国土狭小，本来形势就不利。如果不实行变法图强，国家随时有灭亡之危。韩国虽然不占地利优势，但也不是没有长处，韩国最大的长处在于武器优势，“天下之强弓劲弩皆从韩出”，是最大的武器输出国。韩桓惠王有一个儿子叫韩非，是诸子百家中法家的代表，他的学问水平一点也不亚于李斯，还和李斯是同学关系。韩非一直劝父王变法图强，实行法家之术。但韩桓惠王并没有听从韩非的建议，他虽然也听从申不害的建议实行改革，但变法并不成功，在秦国的巨大攻势面前，韩国自然无力招架。韩桓惠王去世后，其子韩王安继位，他派韩非到秦国去说服秦王不攻韩国，结果韩非一去不复返，死于秦国的监狱中，一个好端端的人才就这样丧了命。韩王安软弱无能，最后投降丧命，韩国灭亡。

赵国的国君数赵武灵王最英明，胡服骑射的改革使赵国成为仅次于秦国的军事强国。但赵武灵王的后代并不争气，先说这个赵孝成王，贪图小利，接受韩国的上党之地，引发长平之战；在长平之战中，又不信任廉颇，改用纸上谈兵的赵括。又不听虞卿的谏议，一边与秦国战争相持，一边派人前去议和，结果反而孤立了自己。最后的结果是，长平之战赵国战俘被坑杀四十五万，赵国一败涂地。到了赵王迁的时候，犯了和赵孝成王一样的毛病，宠信奸臣郭开，中了秦国的反间之计，自毁长城，杀害名将李牧，又罢免了另一名将司马尚，结果导致赵国无可用之将，被秦国一战灭国。赵王迁成为亡国战虏。本来赵国名将不少，赵奢、廉颇、李牧皆世之名将，可惜不能为之所用。

燕国的国君燕王喜也是个昏君。长平之战赵国遭受重大损失，他一方面派人与赵国结盟，给赵孝成王送去五百金作为酒资，一方面乘人之危，派几十万大军突袭赵国，结果被赵将廉颇击败；赵将廉颇离开赵国后，燕王喜又觉得有机可乘，派大军进攻赵国，结果又被赵将庞暖击败。燕太子丹派荆轲刺秦王失败，秦国进攻燕国，燕王喜竟然听信他人之言，杀了太子丹向秦国求和，秦始皇只是暂时放了燕王喜一马，腾出手后燕国就很快灭亡了，燕王喜最后成了秦国的战俘。

魏国末代的两任国君是常败国君，魏景愍王在与秦国屡战不胜的情况下，竟然不顾与赵国等国的联盟，主动向秦国献出丽邑求和，其实这正中秦国下怀，所以接受了魏国的献地，全力对付赵国。等秦国将赵国击败后，回过头来进攻魏国，以黄河、鸿沟之水“水淹大梁”，魏景愍王死得早，他继位的儿子魏王假更不是秦国的对手，于是成了亡国之君。

楚国本来是战国中实力最强大的国家之一，早在春秋时期楚庄王就是五霸之一。不过，后期的楚国国君都不争气，楚幽王是楚考烈王之子，但也有人说怀疑他是楚国贵族春申君黄歇的私生子，而这一切来自楚臣李园的计谋。考烈王驾崩后，李园杀死春申君，成为楚国权臣。楚幽王驾崩后，其弟楚哀王继位。楚哀王仅当了两个月楚王，就被异母弟负刍门客所杀，而同时遭难的，还有他的母亲李嫣嫣及舅舅李园。李嫣嫣就是楚幽王的亲生母亲，她是和春申君有孕后才嫁给考烈王的。楚哀王一家被杀后，负刍继位。负刍并非明君，他杀死哥哥成为楚王后，只不过成为末代楚王而已。在秦国征战四方时，楚国这个国家却在争权夺利中度过，最后楚国大将项燕不敌秦国大将王翦，项燕兵败自杀，楚国灭亡。

齐国本来是东方大国，称为东帝。但在合纵连横的战国争霸中，强大的齐国却遭到了燕、赵、韩、魏、楚五国的“合纵”攻击，燕将乐毅仅半年就攻取齐国七十余城，差点把齐国灭了国。要不是田单复国，齐国将成为战国最先灭亡的国家。虽然齐国最终复了国，但齐国自此退出战国的强国舞台。齐王建是齐国的末代君主，同时也是个糊涂软弱的君主，他中了秦国的连横之计，在秦国进攻其他五国时作壁上观，采取亲秦战略，所以享受了四十余年“和平”。待秦国消灭了其他五国，只剩齐国一国时，齐国采取了不抵抗政策，齐王建投降了秦国，不战而亡。自此秦国统一中国的战役胜利结束。

### “连横”最终胜了“合纵”，秦国统一是历史大势

战国七雄之中，一直有两条路线。一是弱国之间的“合纵”，一是强国对弱国的“连横”。但弱国之间，却并不齐心，表面上团结一致，实际上各怀心思，最终被强国的连横战略所破。如果六国联合对敌，强国是不会胜利的。战国中其实就有很多例子，证明了“合纵”的可怕。齐国从强国变成弱国，就是在燕、赵、韩、魏、楚五国的“合纵”打击下形成的。但齐国成为弱国后，又采取了与强国联合的战略，最后被强国所灭。历史上五次采取“合纵”战略攻秦，其中有两次联军取得大胜秦军的战果，秦军为破联军的合纵，只能采取计谋瓦解之。正是因为联军的不团结，才中了秦国的计谋。

历史最后的结果是，连横之术战胜了合纵之术。秦国统一华夏，其实是大势所趋。这里面有人为的因素，但更大的原因是历史的必然。人民久困于战火，迫切需要一个统一的国家。诸子百家的救国图存之道，其实也是想结束战争，给人们以安居乐业的生活，只不过想出的策略方法不同而已。最后还是法家的学说占了上风，秦国成为法家学说最大的获利者。

# 汉武帝为防后宫干政首开“立子杀母”先河

我们看电视剧看多了，很容易对宫廷生活产生错觉，认为生在帝王之家，或嫁到帝王之家，该是多幸福的事啊！在古代最有权势、最有钱的地方，就是帝王之家，如果有幸生在这个地方，或嫁到这个地方，得到帝王的宠幸，就不用“艰苦奋斗”了，那还不是要风得风，有雨得雨。其实，自古“无情最是帝王家”。因为那个地方是国家最大的争权夺利中心，为了确保江山永固、千世万世，手段血腥得很，稍有不慎便有性命之危。男人一旦成为争权夺利的目标对象，哪怕没有觊觎之心，也难免做刀下之鬼；女人一旦被认为有后宫干政的危险，哪怕是懵懂中的无辜，也难免一夜忽做断头人。在古代，皇帝为了避免后宫干政，历史上曾经出现过狠心的“立子杀母”现象，给“母以子贵”者一记狠狠的耳光。

## 吕后专政和窦太后干政，令汉武帝首开“立子杀母”先例

立子杀母，意思是太子继位，先要杀了太子的母亲，以防将来的后宫干政。古代皇帝一般都是终身制的，不到临终前，是很不情愿放弃皇帝权力的。当然，除了少许皇帝“自愿”退位做“太上皇”，禅位给太子。先皇死了，再杀死母亲，意味着太子登基便是孤儿，这是何等残忍之事。中

国自古以孝治国，是个崇尚儒学的国度，但“立子杀母”的始作俑者，却是号称最讲儒道、“罢黜百家、独尊儒术”的汉武大帝，不能不说是历史的极大讽刺。

汉武帝首创“立子杀母”制度，杀的是汉昭帝刘弗陵的亲生母亲——他最宠爱的钩弋夫人。钩弋夫人姓赵，河间人，汉武帝巡幸河间府时，听闻她天姿国色，生下来十几年双拳紧握不曾张开，于是猎奇之心大起，赶到她家轻轻一掰，拳开了，手心里握着一块玉钩。汉武帝很高兴，将其封为婕妤，并让其居住在钩弋宫，故又称其为“拳夫人”或“钩弋夫人”。史载赵钩弋怀孕十四个月生下刘弗陵，和古代尧帝之母一样，更令汉武帝对她宠爱有加。然而，深爱着钩弋夫人的汉武大帝，却在年老立太子之前，断然无情地下令赐死了钩弋夫人，不顾钩弋夫人的苦苦哀求。“快去，你活不了了”，这是汉武帝最后送给钩弋夫人的一句话。

汉武帝之所以这样做，有三个原因。其一，先祖刘邦去世后，吕后专政，差点江山易姓改姓了吕，要不是周勃、陈平等大臣力挽狂澜，汉朝四百年江山可能几十年就完了；其二，汉武帝继位后，因为年纪小，太皇太后窦太后严重干政，窦太后是祖母级别的，尊奉黄老之术治国，而汉武帝的思想却是“罢黜百家、独尊儒术”，二人治国理念不同。汉武帝拗不过窦太后，重用的两位儒臣赵绾、王臧接连被窦太后所杀，给他的心灵留下了极大的阴影；其三，汉武帝先前立的太子刘据，因为“巫蛊事件”被冤杀，再立刘弗陵为太子时，自己已经年老了，而太子之母赵钩弋才二十多岁，汉武帝唯恐自己驾崩后，汉朝再现吕后、窦太后干政的故事，故痛下杀手，寻机赐死了赵钩弋。

汉武帝杀赵钩弋，实际上是不得人心的，毕竟中国自古以孝治国。汉武帝对质疑者的解释是，“是非儿曹愚人所知也。往古国家所以乱，由主少母壮也。女主独居骄蹇，淫乱自恣，莫能禁也。汝不闻吕后邪！故不得不先去之也”。这样的决策，不是普通人能够理解的，史书这样评价汉武帝的这一决策：“自古帝王遗命多矣，要未有如汉武之奇者。”真是非常人干非常事。

**北魏一朝，多少皇帝成为无母孤儿**

汉武帝的这一“立子杀母”决策，并没有作为汉朝的制度传承下去。所以钩弋夫人之死，只是个特例。汉武帝“罢黜百家，独尊儒术”的思想，被后世皇帝继承下来，以孝治国，是不允许先杀死自己的母亲的，因为这有违儒道。

不过，到了南北朝时期的北魏，汉武帝的“立子杀母”特例，竟然被北魏的皇帝们奉为立国传承制度，多少位太子之母因此命丧黄泉，成为政治斗争的牺牲品。

北魏开国皇帝道武帝拓跋珪，是汉武大帝的“铁杆粉丝”，为了北魏拓跋氏的千秋伟业，首开“立子杀母”先河，杀死了太子拓跋嗣的母亲刘贵人。拓跋珪实际上与刘贵人的感情是很好的，而刘贵人出身高贵，善治后宫，是个标准的贤妃，并没有显示出任何后宫干政的迹象。

拓跋珪杀她，完全是因为看不见的将来，但将来谁能看得到呢，也许有后宫干政的可能。所以，拓跋珪最终还是杀死了自己宠爱的女人，还振振有词地对太子解释杀他母亲的原因：“昔汉武帝将立其子而杀其母，不令妇人后与国政，使外家人为乱。汝当续统，故吾远同汉武，为长久之计。”他把自己看作是与汉武大帝一样“英明”的皇帝。

拓跋珪的子孙们继承了“立子杀母”的制度，直到第八位皇帝元恪的出现。元恪信佛，在巨大的争议中，他不允许杀死太子之母胡充华，而且采取种种措施保护胡充华。不过元恪保护的嫔妃即后来的胡太后胡充华，却为非作歹，她无情地铲除了其他两位皇后，并与情夫亲自毒杀了自己的亲生儿子元诩，最后人心丧尽，被反叛的士兵沉河而死。元恪终结了“立子杀母”制度，却也给北魏朝留下了一个祸根。

### 咸丰不听肃顺立子杀母之言，终酿慈禧专权亡国之祸

“立子杀母”只是中国历史上一段时间不长的现象，大多数时间，太子之母是安枕无忧且可以母以子贵的。但到了明朝开国皇帝朱元璋的时候，却恢复了用活人殉葬的残忍制度，这比“立子杀母”更为残忍。本来殉葬制度早在汉朝就被废除了，两千来年没有人开这一先例，因为这是暴秦才会干的事。但朱元璋却效法秦始皇，下令让他宠幸过的女人全部殉葬，有子女的也不例外，这比“立子杀母”还厉害，立子杀母只杀太子之母一人，殉葬制度是将后宫嫔妃一锅端，谁也不能幸免。

朱元璋开创的这么不人道的制度，竟然历经明太祖、明惠帝、明成祖、明仁宗、明宣宗、明代宗、明英宗七世，最后还是明英宗临终前，因为实在不忍杀死自己深爱的钱皇后，才下诏废除殉葬。不过，由于清朝贵族信奉萨满教，也保持这一惨绝人寰的陋习，多尔衮的生母阿巴亥被殉葬，顺治帝的贞妃自请殉葬。当然，她们都是出于不得已的原因，或因争权夺利，或因保护族人。没有人愿意死，有时候是不得不死。庆幸的是，这一残暴制度并没有传承下去。

到了咸丰朝，临终前继位的同治皇帝载淳才六岁，因为年纪小，肃顺等“顾命八大臣”被托孤，慈安和慈禧两位太后因为太子年幼而实行干政。顾命大臣肃顺怕咸丰驾崩后太后恃势专权，极力规劝咸丰帝学习汉武帝“立子杀母”的故事，以绝后患。但咸丰帝犹豫再三，也没有下

决心听从肃顺之言。慈禧得以活命，在咸丰死后反戈一击，捕杀肃顺、端华和载垣等顾命大臣，后来慈安又被慈禧所害，慈禧成为中国封建社会最后一位垂帘听政的太后。

汉武大帝开“立子杀母”先河，虽然残忍无道，但对于维护封建王朝的统治而言，却在无道中有其一定的“合理”性。后世的许多外戚干政甚至专权导致亡国，给汉武帝这一不人道的决策提供了论据。

# 李广：为什么难封?

“冯唐易老，李广难封”，是唐朝诗人王勃《滕王阁序》中的句子，句子中的汉将军李广是千年来人们争相吟咏的对象。李广征战一生，与匈奴作战七十余次，射箭百发百中，且在受伤的情况下射杀猛虎，可谓猛将一名。李广射箭的力量，可穿透石头，可见其力量之大；李广在被俘的情况下，可装死逃走，可见其临危不惧逃生能力之强；李广率领几十个骑兵面对匈奴几万士兵，竟然摆开了“沙漠空城计”，安然脱险，可见其有胆有谋；李广自杀而死后，认识的与不认识的，都为他难过流泪，可见其民望之高。但就是这样一个武艺高强、匈奴畏惧、士兵爱戴的将军，却终生未曾封侯，最后因为迷道自尽，成为千古悲剧。这到底是什么原因呢？

## 李广虽勇，功劳不足以封侯

李广是秦朝名将李信之后，是将门虎子，武艺自然是没得说的，李氏一门，世代骑射为业，如果论单兵作战能力，能超过李广的人不多。有一次，李广酒醉，误以为一块石头是老虎，一箭射去，结果箭头穿进石头老深；还有一次，李广遇到猛虎，被猛虎抓伤，他与老虎搏斗，最终将老虎射杀；最危险的一次是，李广被敌人俘虏了，敌人将他拴在两匹马中间，战马狂奔，试图将他拖拉而死。但李广以装死的障眼法，骗过了敌人，竟然翻身上马，逃出生天。

李广这么厉害，但统兵作战，却没有立下过大功劳。这是因为，按照汉朝的法律，封侯要以立大功、杀死敌人的数量来决定。比如霍去病，曾歼敌十一万之多，卫青也歼敌五六万，跟卫青、霍去病比起来，李广确实差了很多。

李广唯一一次有希望封侯，是跟着周亚夫平定七王之乱时，在这次战役中李广斩将夺旗，其功足以封侯。但李广却在立场问题上出现了动摇，私自接受了藩王的将军印，被发现后判定是死罪，结果一次大好的封侯机会，功过相抵，没判死刑就不错了。

李广虽然对匈奴作战高达七十余次，但没有一次是在大规模的作战中取得胜利的；相反，他失败的时候比较多，甚至有被俘虏的不光彩记录。匈奴怕李广不假，但这对于李广来说也不是什么好事，因为匈奴避而不战，李广就没法立功，不立功就无法封侯。好不容易赶上一次作战，李广还迷了路，被追究责任，因而愤而自杀。

**李广爱逞个人英雄，不是统帅人才**

李广经历了七十余次的对匈奴作战，却杀伤敌人数量不多。为什么？因为李广爱逞个人英雄主义，就像三国的吕布一样，他以个人杀伤敌人为荣。而一个优秀的统帅，是不用自己亲自出马的。将帅的功能是指挥，而不是亲自上前线杀敌。李广恰恰相反，他最爱身先士卒，充当先锋官，杀在第一线。他的单兵作战能力很强，像楚霸王项羽，以一敌十不在话下。但你浑身都是铁，能捻几颗钉？

所以，我们看到的是，作为主将的李广，竟然被匈奴俘虏了，虽然最后他逃了出来，但这是一次大败仗；还有一次，作为主帅的他，被几万敌人包围，与大部队失去了联系，虽然他镇定自若使用计谋骗过了敌人，但作为主将身临险境，总归是失职。

也正是因为他总爱亲临战阵，所以有大臣在皇帝面前“弹劾”他，其实这也是为了他的安全着想；最后一次战斗，他跟大元帅卫青使性子，不愿意从侧翼进攻敌人，负气带兵，也是他性格上的弱点，结果迷了路，没有按时完成主帅交给的任务；李广带兵还有一个特点，那就是纪律松弛，这绝非一个合格的将帅所为；从李广的种种表现来看，他不是一个合格的将帅型人才，这也是他最终没有被封侯的主要原因。

**李广命运不济，是因为其度量不够**

作为一员久经战阵的武将来说，李广的命运是不济的。运气很不好，就连汉武帝都提醒卫青，不要把他派到关键部位上。汉武帝认为李广虽然武艺好，但打仗却是个常败将军。虽然每次都能脱险，但不能按皇帝或大元帅的战略部署完成既定任务。李广之所以这么倒霉，与他没有将帅的胸襟有关。

话说有一次，霸陵县的县尉得罪了李广，没有给李广面子，后来李广被汉武帝重用后，睚眦必报，马上杀了那个县尉。这跟韩信遭遇胯下之辱后，反而以德报怨重用那个流氓形成鲜明对比。韩信是大元帅之才，李广连个将才都算不上，从这一件事上就可以看出来。

李广的度量，还表现在他最后的自杀上。一个男子汉，胜了就是胜了，败了就是败了，世界上本来就没有常胜将军。但六十多岁的李广花甲之年也没有想明白。其实，卫青只是询问他迷路的情况，但他负气不愿接受询问，而以自杀做了回答。

他是自杀了，可连儿子李敢都连累了。李敢认为是卫青故意刁难父亲，所以报复卫青。卫青受李敢袭击负伤，但卫青到底是元帅之才，还替李敢掩盖，不治李敢的罪。但霍去病可不管那一套，在一次狩猎中射杀了李敢，为舅舅报了仇。

实际上，李敢之死，也是受李广度量狭小所致。李广的孙子李陵，也犯了李广的毛病，结果用兵失败投降了匈奴，给李家抹了更大的黑。李家最后家道中落，始作俑者，李广也。

# 张骞：“一带一路”的先行者

“一带一路”现在备受瞩目，不管是陆地“丝绸之路经济带”，还是“21世纪海上丝绸之路”，都留下了中国人奋力开拓的影子。没有哪个时代，能像现代一样将世界变成一个村子一样进行交流。中国并不是一个故步自封的国家，早在两千多年前的西汉时代，一个叫张骞的人，就将目光瞄向了遥远的西域。要知道，那个时候交通不便，全靠两条腿丈量道路，最多骑上一匹马。因为有了张骞，汉朝人才知道世界上除了大汉以外，在遥远的西方还有许多国家。司马迁用“凿空”二字表达对张骞的敬意，张骞是比西方的马可·波罗、哥伦布还要早一千多年的伟大探险家。

## 丝绸之路最初的目的并不是和平，而是为了抗击匈奴

我们都知道，丝绸之路是一条和平之路，贸易之路。但当初张骞开辟“丝绸之路”，却不是为了和平，而是为了抗击匈奴。而且，这场战争是汉武大帝想要发动的战争。

汉朝刚建立时，天下并不太平，北方受到匈奴的严重威胁。汉高祖刘邦乘战胜项羽之威，欲一举消除匈奴之患，令他没想到的是，堂堂的汉朝竟不是匈奴的对手，汉高祖刘邦差点被活捉，要不是使美人计令匈

奴退了兵，汉朝的国运落到什么样还很难说。“白登之围”吓坏了刘邦，于是汉朝开始了长达半个世纪的“和亲”政策，汉朝的公主嫁给匈奴单于，实际上是屈辱的产物。

经历了文景之治，汉朝的国力逐渐强盛起来，到了汉武帝的时候，这位中国历史上的千古一帝，再也忍不下去了。他决心用武力抗击匈奴，不再忍受“和亲”之辱。当汉武帝打听到西域有一个大月氏国和匈奴也是仇敌时，他决定联合大月氏，南北夹击，一举解决匈奴之患。

那时候没有手机、电话、电报等通信工具，联络只能靠两条腿，汉武帝决定派人去联络大月氏国王，这是一条前途未卜之路，西行不知几千里，而且中间隔着以残暴著称的匈奴国，敢于执行这项任务的人，不管完得成完不成任务，都是英雄。

也就在这个时候张骞主动报名执行这项计划，成为那个时代的英雄。

张骞是一个很有魄力的人，他以一个亲汉的匈奴人堂邑父做向导，领着一百余人的随从，浩浩荡荡地向西域进发。结果，刚进匈奴境内，就被匈奴兵俘虏了。幸运的是，匈奴人并没有杀掉张骞，还让张骞娶了妻，生了子，试图把这位汉朝英雄同化为匈奴人。张骞这一待就是十年，但他无时无刻不在思念着汉朝，时时刻刻牢记着他的使命，终于有一天，趁匈奴人放松戒备时，他和堂邑父逃出匈奴，向更远方的大月氏进发。

但十年后的大月氏，已与十年前的大月氏国情不同，国王换了，国力弱了，再也不想打仗，不想报仇。他们被匈奴人打怕了，哪怕跟强大的汉朝合作都不敢尝试。张骞无奈只好返回汉朝，更倒霉的是，路过匈奴的时候，他再次被俘虏，这一待又是一年。一年之后张骞逃出匈奴时，离他当初离开长安已过了十三年。

## 完胜匈奴，立首功的不是卫青、霍去病，而是张骞

张骞虽然没有完成联合大月氏的任务，但却给汉武帝带来了西域诸国的风土人情、地理特征，那个时候，只有势力范围，没有像现在这样的国与国之间明确的国境。而且汉朝自诩为天子之国，“普天之下，莫非王土，率土之滨，莫非王臣。”张骞的介绍令汉武帝开阔了眼界。在此之前，汉廷的君臣还根本不知道，在中国之外，还有这么多国家的存在。正是由于张骞的报告和记述，汉廷才了解到华夏的外部世界，了解到西域各国的情况。

所以，张骞带回来的信息成为汉朝了解匈奴的最好情报。兵马未动，情报先行，没有好的情报，做不到“知己知彼”，是很难打胜仗的。

可以说，没有张骞带回来的匈奴及西域诸国情报信息，卫青、霍去病要想打胜仗，也是困难的。卫青、霍去病能大败匈奴，立首功的不是别人，正是张骞。

## 无心插柳柳成荫，张骞因丝绸之路成为和平大使

张骞曾经两次出使西域。第一次十三年，当了匈奴的十年俘虏，但了解了西域诸国的风土人情。有了第一次的经验教训，汉武帝派张骞再次出使西域，目的有两个，其一是使与匈奴国有矛盾的乌孙国重归故地，以断匈奴国右臂；其二是宣扬大汉国威。这一次张骞的团队更加庞大，有三百多人，金币丝帛无数以及牛羊万头之多。这第二次出使西域张骞仍然没有完成乌孙国回归故地的任务，但其副使访问了大宛、康居、大月氏、大夏等国，宣扬了大汉国威。

张骞两次出使西域，都没有完成汉武帝交给他的任务，给卫青、霍

去病当向导扫平匈奴，有一次还误了时间，结果被废为庶民。但他出使西域的意义远远大于汉武帝交给他的任务。

张骞的一生，都在“凿空”西域的路上，两次出使游历的国家达到三十多个。因为有了张骞，中国才知道了除中国外的西方诸国；因为有了张骞，中国的丝绸、陶瓷等源源不断地销往西方，因此中国又被西方诸国称为“赛里斯”国，中国人又被称为赛里斯人，赛里斯就是丝绸的意思。而西方的汗血马、葡萄、苜蓿、石榴、胡麻等也流向了中国，张骞无心插柳柳成荫，成为中西文化交流的“媒婆”。许多国家因为张骞而向汉朝示好，汉朝的影响因张骞而远播万里。

# 王莽发起了历史上第一次奔向大同社会的实验，却失败了

“周公恐惧流言日，王莽谦恭未篡时。向使当初身便死，一生真伪复谁知？”这首白居易的诗《放言·赠君一法决狐疑》流传千古，从而也激发了新一轮对王莽的评定。王莽是新朝开国皇帝，同时也是新朝的末代皇帝，还是中国历史上最受争议的皇帝之一。有人说他是“圣人”，有人说他是伪君子；有人说他是穿越千年的改革家，有人说他是开历史倒车的复古派。谁是谁非，至今也无定论。

## 谦恭有礼，是巨大的民望把他扶上皇帝宝座

白居易认为王莽是历史上最大的伪君子，但笔者认为并非如此。王莽和三国时的曹操、司马懿不同，他虽然也是权臣，但严于律己，他生活俭朴、谦恭有礼，在当时民望极大，被称为“周公在世”；他严于执法，大义灭亲，亲手判了犯罪儿子的死刑；他是孝道模范，对母亲及寡嫂非常好，而且还抚育兄长遗子；他爱好学习，广交贤士，受到举世赞誉。

西汉晚期政坛非常混乱，贪污腐败现象比比皆是，老百姓苦不堪言。但王莽却是一个出淤泥而不染的人物，他虽然身居高位，却不像曹操、

司马懿那样高高在上，顺我者昌、逆我者亡，而是礼贤下士、清廉俭朴，所以绝大多数的大臣们非常尊敬他。王莽在民间的威望也非常高，因为他常常将俸禄分给门客和平民，有一次甚至将自己的马车卖掉了接济穷人。

可以说，王莽是以德服人，而不是以权势压人，得到社会的认同也是理所应当。当然，作为一个政治人物，他也有竞争对手，但他强大的威望，使他能够轻易地战胜对手，淳于长、何武、公孙禄先后败在他的手下。

难能可贵的是，王莽即使当了大司马，掌握朝中大权后，仍能做到克己不倦、招聘贤良、俭朴如初，甚至他的妻子因穿旧衣服，常被同僚们误会为仆人。王莽当了“安汉公”后，拿出钱百万、田三十顷救济民众，引得百官群起效仿。遇到灾年，王莽带头不食酒肉，只吃素食，并带领二百三十名官民献出土地住宅救济灾民，长安城为灾民建救济房屋一千套，使得灾民免受饥饿寒冷之苦。如果“伪君子”的行为有利于百姓，百姓有什么理由不欢迎伪君子，而喜欢真小人呢？

王莽确实取代小皇帝改朝换代，引起后世非议，责怪他没有像诸葛亮辅佐阿斗一样鞠躬尽瘁。然而，勤奋不是万能的，是不能确保政权屹立不倒的，最后，蜀汉政权还是难逃灭亡的命运，而且是第一个灭亡的。何况，正如“陈桥兵变”赵匡胤是被众将黄袍加身一样，王莽也是被众臣及百姓拥戴成为皇帝的，难道王莽当皇帝，不比几岁的娃娃当皇帝强百倍吗？何况当时的场面是，王莽篡汉，天下欢腾。所以王莽是顺应民心而篡汉的，并非逆天之举。

### 倡导改革，令人惊叹的“穿越者”

王莽是一个理想主义者和浪漫主义者，他深受儒学熏陶，渴望建立一个像远古时期匡尧舜那样的大同社会。尧、舜、禹、周文王、周公、孔子是他学习的榜样和崇拜的偶像。当然，作为一名政治家，王莽也使用了一些非常手段，将政敌消灭。但哪个皇帝改朝换代不是血雨腥风？跟那些改朝换代的残酷相比，王莽改朝换代是最“温柔”的，只杀了数百政敌，包括反对自己的长子王宇。杀一百人与血流成河，对于改朝换代来说，算是“温柔”的了。大汉江山二百年成了“新”朝，不流点血在当时反而不正常。

不管是掌握大权为臣，还是改朝换代称帝，王莽都是一名“疑似穿越者”的改革急先锋。王莽推崇儒学，大兴教化，下令在京城为学者盖了一万套住宅，解决知识分子的住房问题。网罗全天下有本领的学者到长安来，前后来了数千人，每天就是讨论学问，由国家出钱资助。这样的举措在当时是很令人惊讶的。

称帝后的王莽改革更加大刀阔斧，比如他将天下田改曰王田，以王田代替私田；奴婢改称私属，与王田一样，均不得买卖；改革币制，中央统管；改革朝廷公务机构，规范管理制度；政府统一经营盐、铁、酒、铸钱和征收山泽税，实行专卖制度……在今天看来，王莽的改革，有点乌托邦的味道。

## 改革引起暴乱，王莽成为失败的悲情皇帝

王莽是一个历史的悲剧，他的改革实际上是有利于人民的利益的，但处在两千年前的汉朝封建社会，强行实施公有制改革，必将触动地主阶级的根本利益。没收地主的田庄，不准地主豪强们买卖奴婢，将盐、铁、酒这些东西国家统一管理，断了他原来的财路，他能跟你干吗？所以，王莽的改革注定是要血雨腥风的。但王莽显然没有估计到事情的严重性，一

场狂风暴雨来了，王莽并没有汉武帝那样的雄才大略，所以改革没有改好，反而改得天下大乱。

所以，不管什么样的改革，一定要符合当时的历史环境。王莽是一个乌托邦似的儒家皇帝，没有强大的军队和精心的改革准备，没有估量到反对派的反击力量，改革是不能成功的。

王莽的改革并没有促进生产力的发展，改革的执行力不足使他的政策很难得到执行；再加上外交上对少数民族政策的连连失误，使王莽从改革伊始就接连遭受挫折。同时又因为连年灾荒，导致底层百姓造反，其政敌利用百姓造反的心理，趁机扩充自己的势力。王莽只当了十五年的皇帝，就在众叛亲离中被杀死。

传统上都说王莽是个野心家、阴谋家，但越来越多的后世学者开始理解王莽，他是个志大才疏的悲情皇帝，虽然有远大的志向，但其政治手腕不足以支撑这样一场动摇国体的改革。光武帝刘秀建立东汉后，中国又回归到封建社会的主线，王莽改革昙花一现，成为历史之谜。

# 东汉为何多外戚、宦官干政?

两汉四百年，外戚干政频发，且有太监干政，最后导致皇帝大权旁落，州牧变成诸侯。如果说唐朝亡于藩镇割据的话，那么说汉朝亡于外戚干政也不为过。西汉先是有吕氏专权，差点几十年就亡了刘氏江山，最后王政君掌握朝政大权，重用外戚，王氏五个兄弟先后称侯，号称“王氏五侯”，侄子王莽更是厉害，阴谋篡汉成功，改国号为新。虽然有光武帝刘秀奋力一搏，推翻新朝，但东汉并未改变外戚干政的局面，反而越演越烈，最后还是被外戚与太监把大好江山丧送了。

## 幼帝继位，太后登上历史舞台

西汉王朝，出现了吕后、窦太后、王太后三位太后，导致外戚干政。东汉王朝，因为幼帝即位，太后不得不登上历史舞台。东汉开国，出现了三位有作为的皇帝，光武帝刘秀开创了“光武中兴”时代，继任者汉明帝和汉章帝也很有本事，开创了“明章之治”，史载“天下安平，百姓殷富”，但汉章帝之后，继位的汉和帝刘肇年仅十岁，于是汉和帝的母亲窦太后临朝称制。这个窦太后乃是西汉窦太后的后世子孙，有前朝窦太后之风，重用窦氏宗族，重启外戚干政之风。

还好汉和帝不甘受外戚干政之害，联合太监党扫灭窦氏宗族，开创“永元之隆”。但汉和帝驾崩后，继位的汉殇帝刘隆岁数更小，不满百天，其母邓太后代子称制，邓太后的兄长邓骘等邓氏宗族因为邓太后的关系专权于朝。刘隆未出满月就死了，虽为皇帝却没有机会尝到当皇帝的滋味，邓太后与哥哥车骑将军邓骘迎立清河孝王刘庆的儿子刘祜为帝，是为汉安帝。汉安帝也是个小皇帝，继位时年仅十三岁，所以还是邓太后与邓骘等邓氏宗族说了算。这个邓太后是个很厉害的皇太后，顺我者昌，逆我者亡。汉安帝二十六时都不能亲政，谏议邓太后退隐后宫的大臣杜根被邓太后下令当廷打死，还是执法的人于心不忍，让其装死才侥幸得活，就连另一位邓氏宗族邓康因为“吃里扒外”劝邓太后退隐而遭罢黜。直到邓太后去世后汉安帝才得以亲政。

汉安帝亲政后，诛杀了外戚邓氏集团。但他去世后，皇后阎氏起了异心，为了把持朝政，不立其子刘保为帝，反与哥哥阎显勾结，拥立济北惠王刘寿之子刘懿为帝。为什么不立太子刘保呢？因为刘保不是阎皇后亲生的，而是另一位嫔妃李氏所生，李氏也被阎氏所杀。

阎皇后拥立的刘懿也是位小皇帝，当了二百多天皇帝就死了，宦官们不满阎氏外戚专权，合谋诛杀了阎显兄弟，赶走了阎太后，拥立汉安帝的太子刘保为帝，是为汉顺帝。汉顺帝也是位小皇帝，继位时年仅十一岁，亲生母亲李氏被阎氏杀了，所以他只能依靠拥立他的太监们和皇后的族人梁氏宗族。汉顺帝的皇后名叫梁妠，乃大将军梁商之女。所以汉顺帝当皇帝，实际上是皇后的哥哥梁冀说了算。

汉顺帝只活了三十岁就死了，他的儿子汉冲帝继位，年仅一岁。所以由梁妠临朝摄政，她的哥哥大将军梁冀继续把持朝政。可没想到汉冲帝只活了两岁就死了，梁冀等拥立了渤海孝王刘鸿之子刘缵，是为汉质帝，汉质帝当皇帝时年仅八岁，所以仍是皇太后梁妠摄政，大将军梁冀说了算。

汉质帝虽然才八岁，但很聪明，他不满梁冀独断朝纲，当面称梁冀为“跋扈将军”，梁冀怕汉质帝长大后自己遭清算，竟然在汉质帝九岁时毒死了他，改立蠡吾侯刘翼之子刘志为帝，是为汉恒帝。

汉恒帝继位时年仅十五岁，因为岁数小仍然受梁冀把控。但汉恒帝不甘心像前面的几个皇帝一样当梁冀的傀儡，他毕竟大了点，为了保命，隐忍十三年，二十八岁时联合宦官一举诛灭梁氏一族，得以亲政。汉恒帝是个昏君，诸葛亮把他和汉灵帝当作昏君的典型。汉恒帝虽然后宫一万，但却是个无后的皇帝，他死后，皇后窦妙与其父窦武拥立刘宏为帝，是为汉灵帝。

汉灵帝也是位小皇帝，继位时十二岁，朝政仍把持在外戚窦氏手里，恒、灵之时是东汉时期的乱世，引发了黄巾起义。汉灵帝去世后，汉少帝刘辩继位，何太后临朝称制，大将军何进把持朝政。

综上所述，东汉自汉章帝以后，几乎所立的皇帝都是小皇帝，导致太后乃至太皇太后临朝称制，重用外戚，皇帝或被杀，或联合宦官诛灭外戚，但马上又进入下一个恶性循环。东汉一百多年，也没有解决外戚专权问题，最后也亡于外戚专权和太监干政。当历史的车轮进入三国时代的时候，东汉的皇帝已经名存实亡，不可救药了，汉朝就此退出了历史舞台。

### 为防外戚干政，后世王朝各出奇招

其实早在汉武帝时代，就已经因为吕后和窦太后专权的事，狠心立下了“立子杀母”的辣手毒招。这一招虽然狠毒，但效果还是不错的。但历史上只有汉武大帝那样办，其他皇帝可没有他这么果断。

汉朝以孝立国，尊奉儒学，立子杀母的事实在干不来。但不杀皇后和皇太后，遇到小皇帝继位，往往历史的洪流会将皇后或太后推上前台，导演一幕幕外戚干政的大剧。东汉王朝将近二百多年，有一百多年是在外戚干政的岁月里度过的。

为了防止外戚干政，后世的皇帝也屡出奇招。其中北魏时期继承了汉武帝立子杀母的规矩。但被史家评价很低，毕竟这样与伦理有碍。拿唐朝与汉朝相比，武则天不但干政，而且亲政，改朝换代建立大周当上了中国历史上的第一位女皇帝。相比汉唐，宋、明、清三个朝代解决外戚干政效果比较好。宋太祖、明太祖、清太祖各出奇招，较好地阻止了外戚干政现象。

宋太祖赵匡胤靠陈桥兵变黄袍加身当了皇帝，后又“杯酒释兵权”，解除了开国功勋们的兵权，开了两宋三百年重文轻武的新时代。宋朝武人的地位低下，宋太祖又施行改革，三司、宰执、枢密使三官各司其职，如同“三权分立”。外戚们想依靠武人专权，武人地位低；想依靠文人专权，文人脾气耿直、原则性强。这样一来，外戚很难通过控制少数官员达到专权的目的。三百年来，两宋较好地维持了国家机器的良好运转，即使面临亡国之危，也没有极端的外戚干政、专权的事情发生。

明太祖为了防止外戚干政，想出来的办法更为残忍。一是恢复商朝时的殉葬制度，先帝驾崩后，让嫔妃们陪帝王殉葬，不管是生过孩子的还是没有生过孩子的。史载朱元璋驾崩后，四十名嫔妃殉葬；明成祖驾崩后，十六名嫔妃殉葬。这种制度传了七世，由明英宗废止。二是明朝公主不许与文武大臣的子弟联姻，只许挑选民间没有根基的优秀子弟，堵死“强强联姻”的路子。朱元璋的办法很残酷，但整个明朝直到灭亡没有外戚干政、专制，却出现了宦官干政乃至专权，这大概是朱元璋没有想到的。

清朝为了防止外戚干政，不给嫔妃们与皇帝相处过多、过于亲密的机会。皇帝需要嫔妃侍寝，采用翻牌制，翻到谁的牌子，喜欢不喜欢都得按规矩来；而且，嫔妃侍寝，是有时间限制的，到了时间太监会提醒皇帝，提醒三次后强行将陪侍的嫔妃抬走。皇帝后半夜自己睡觉，不给嫔妃吹枕头风的机会。这样做的结果是，嫔妃们想谈情说爱难上加难，成了皇帝发泄和生育的工具，吹枕头风更是会带来杀身之祸。但这种方法对于皇帝来说，是很不舒服的。到了同治皇帝，他就讨厌这样的生活，甚至偷偷溜出皇宫去妓院讨乐子，年纪轻轻就死了。由于咸丰帝的突然驾崩，慈安、慈禧登上历史舞台，终于还是没有防住慈禧干政，亡了大清江山。

# 东汉皇帝为何大多短命?

东汉王朝是光武帝刘秀创立的王朝。刘秀是中国历史上为数不多的“好皇帝”，既英明神武、武功盖世，又对大臣、百姓仁慈友善。他开创了“建武盛世”，延汉祚近二百年，自己也活了六十二岁。然而，他的子孙们缺少他这样的文治武功，外戚专权、太后专政、宦官干政现象比比皆是，皇帝自身也短寿者众。十二位皇帝中，除了光武帝刘秀和他的儿子汉明帝刘庄及末代皇帝汉献帝刘协以外，竟有九位皇帝没活过三十六岁，汉章帝刘炟 31 岁，汉和帝刘肇 27 岁，汉殇帝刘隆 1 岁，汉安帝刘祜 32 岁，汉顺帝刘保 30 岁，汉冲帝刘炳 2 岁，汉质帝刘缵 8 岁，汉桓帝刘志 35 岁，汉灵帝刘宏 32 岁，成为历史上的奇观。

### 皇帝的身体其实不好，嫔妃众多不是好事

身为皇帝，“普天之下，莫非王土，率土之滨，莫非王臣”，且“三宫六院七十二嫔妃”，男人的“幸福”生活达到极致。毋庸置疑，皇帝因为权势大，确实要风得风，要雨得雨，吃得好、住得好、睡得好，然而正如老子所说，物极必反，福兮祸所伏。吃得太好，容易营养过剩；住得太好，不能经受风雨锻炼；纵欲过多，如同每天被“刮骨钢刀”切

下一片肉来。不注重自身保养，即便宫中有天下最好的太医，也救不了自己的命，因为无边的罪业，是自己造下的，哪是医生能够救得了的。

东汉的皇帝多病态之身，这是东汉皇帝大多短命的主要原因之一。为什么皇帝爱生病？每天纵欲，生活在温柔乡里，每天的山珍海味也不能补充巨大的身体“精”力消耗，本来身体就不好，再吃上几粒丹药“坚持战斗”，更是雪上加霜。如果皇帝不注重节欲，太医能奈何？开再多的良方，不按医生所嘱，也是枉然。所以我们看到，汉章帝是病死的，汉和帝是病死的，汉殇帝是病死的，汉安帝是病死的，汉顺帝是病死的，汉冲帝是病死的，汉桓帝是病死的，汉灵帝是病死的，等等。年纪轻轻就生病，病后就不愈，什么原因？身体消耗到一定程度，非药石所能救也。

## 汉章帝开创小皇帝继位历史，埋下外戚和宦官干政祸根

提起汉章帝刘炟，可能人们不太熟悉，然而在书法界提起章草，则无人不知，无人不晓。章草就是以汉章帝刘炟的谥号命名的。汉章帝本来有八个儿子，但最后却立第四个儿子刘肇为帝。刘肇为什么这么幸运？因为汉章帝的长子刘伉是刘炟与不知名的嫔妃所生，因为其母地位低下，所以没有继位的机会，只封了个千乘王；汉章帝的第二个儿子名叫刘全，和老大的故事差不多，也是因为母亲地位低，没有继承权，只封了个平春王；汉章帝的第三个儿子叫刘庆，成为法定继承人，但偏偏赶上汉章帝不喜欢他的母亲宋贵人。汉章帝喜欢的是皇后窦氏，而这个窦氏却是个不孕的、嫉妒心非常强的皇后，她害死了汉章帝的四位嫔妃，包括太子刘庆的母亲。在窦氏的操纵下，太子刘庆被废，她抱养的另一个皇子刘肇成为继承人，而这个刘肇继位时才九岁，朝政大权于是落在窦氏手里。

窦氏开创了东汉外戚干政的历史。太后干政，大封娘家人，是谓外戚专权。生活在这样环境中的小皇帝们，日子能好过吗？为了手中的权力不致失去，太后和外戚们巴不得皇帝早死，巴不得皇帝长不大，巴不得皇帝生病。小皇帝们在外戚强权的威胁下，心情能好吗？整天担惊受怕是常事。所以别看表面上皇帝是天下权力最大的人，但实际上很多皇帝并没有真正的掌握权力。汉章帝以后的东汉皇帝，有许多就是这样的命运。宫廷斗争激烈造成沉重的心理负担，也是皇帝短寿的原因之一。

**小皇帝被杀，也是皇帝短寿的原因之一**

如果仅仅因为太后干政、外戚专权造成皇帝心理负担重也还罢了，更坏的结果是，皇帝连命都保不住了。汉质帝刘缵就是不幸皇帝中的大不幸者。

刘缵的曾祖，就是汉章帝的长子刘伉，刘伉因为母亲地位低而没有当上皇帝，他的曾孙却幸运地当上了皇帝，他九泉之下也该瞑目了。皇帝是当上了，但刘缵继位时只是个八岁的娃娃，他的上一任更不济，是个两岁的娃娃汉冲帝，因病死了。刘缵被大将军梁冀所立，梁冀的妹妹梁太后临朝称制，朝政大权就掌握在这兄妹俩手里。刘缵虽然年仅八岁，对外戚专权却非常不满，当面称梁冀为“跋扈将军”，刘缵的口无遮拦给自己埋下了祸根，梁冀怕刘缵长大后对自己不利，决定先下手为强毒死了刘缵。刘缵死时，年仅九岁。

所以，当皇帝是个高危行业，刘缵幸运地当上了皇帝，又不幸因为皇帝身份触犯了权臣的利益而死。历史上像刘缵一样命运悲惨的皇帝比比皆是，年幼被杀，也是史上皇帝平均年龄不大的原因之一。

# 三国：从军阀混战走向三足鼎立

看过《三国演义》的读者，都比较关注三个国家间的斗争，蜀汉与曹魏的战争，东吴与曹魏的战争，蜀汉与东吴的战争，这三个国家的英雄你方唱罢我登场，三个国家的谋士你有谋来我有计。鲜为人知的是，这三个国家的内部，其实也充满了斗争，从而影响着国家的兴旺与历史的进程。

## 蜀汉：四大利益集团并不团结，刘禅选择投降另有原因

表面上来看，曹操占天时，挟天子以令诸侯；孙权占地利，长江天险易守难攻；刘备占人和，卧龙凤雏收帐下，五虎上将征四方。其实，刘备虽占人和，但因为他草根出身，手下的文臣武将并不是铁板一块，最后蜀汉第一个灭亡，吃的就是益州利益集团的亏。他靠武力征服了刘璋，占领了益州，但益州的许多名士口服心不服，身在汉营心在曹魏，刘禅是在益州集团的胁迫中无奈投降的。

第一集团为元老系，也就是一开始就跟着刘备打江山的。我们都知道刘备是草根出身，刘备的父亲刘弘早亡，刘备少年时与母亲以织席贩履为业，生活非常艰苦。后来黄巾起义爆发，刘备在家乡涿县组织起了

一支义勇军，关羽、张飞都加入其中，随刘备辗转各地，情同兄弟。徐州牧陶谦死后，麋竺与其弟麋芳奉陶谦遗命，迎接在小沛的刘备入主徐州，并辅佐刘备，还将妹妹嫁给刘备。刘备最开始的谋士，并不是诸葛亮，而是孙乾、简雍。这二人虽然谋略一般，但是刘备的铁杆。元老系的这些文臣武将，是刘备最信任的人。可惜随着关羽、张飞的去世，麋芳的投降，人才凋零了。

第二集团为荆州系，这个集团包括诸葛亮、庞统、马良、马谡、黄忠、伊籍、张南、冯习等人。荆州原是刘表的地盘，刘备去后在小小的县城新野栖身，在司马徽的推荐下结识了诸葛亮，又在诸葛亮的帮助下联合东吴发动赤壁之战，逃过了被曹操歼灭的命运，同时“暂借”了荆州，招揽了庞统、马良、马谡、伊籍、张南、冯习、黄忠等人才。这个集团以诸葛亮为核心，是仅次于关、张受到刘备信任的团队。

第三集团为东州派系，包括法正、张松、孟达、黄权、刘巴、李严、吴懿等人。这些人本是刘璋的手下，但看到刘璋暗弱，因此决心将益州献给刘备。对于刘璋来说，这些人都是怀“叛逆之心”的人，但对于刘备来说，他们又都是入蜀的功臣。尤其是法正、张松，对于刘备取得益州立下汗马功劳。后来吴懿的妹妹嫁给了刘备，李严成为刘备的托孤重臣。

第四集团为益州本土派系，包括杜琼、谯周、周舒、周群、李恢、杨洪、王平等人。以谯周、杜琼、周舒、周群为代表的益州豪族势力，对于刘备、诸葛亮等人其实是不服的，他们对于刘璋是有感情的。刘备、诸葛亮靠威权压制着他们，使他们不敢造反罢了。

随着刘备、关羽、张飞、赵云、黄忠、庞统、法正、诸葛亮等主要蜀汉建国力量的去世，这些投降派终于等来了机会。当邓艾偷袭阴平得手，诸葛瞻等将领浴血奋战，刘理等刘氏子孙决心与敌人共存亡之际，这些益州本土派却依靠在朝中取得的地位，大肆散布“投降”言论，姜维远在剑阁，刘禅无所依靠，在谯周等人的胁迫中不得不选择了投降。邓艾逼近成都时，蜀汉政权实际上和当年的孙权处境一样，朝臣分为主战派和主降派。孙权选择了以周瑜为代表的主战派，而刘禅选择了以谯周为代表的主降派。谯周就相当于东吴政权的张昭。

### 曹魏：曹魏集团与汉献帝集团、司马氏集团的龙争虎斗

曹魏政权和刘备政权一样，其实内部也不太平。曹操当政时，突出的矛盾是忠于曹操的集团与忠于汉献帝的汉室集团。

其中忠于汉献帝著名的朝臣有国舅伏完、太常杨彪、北海相孔融、大司农王邑、车骑将军董承、尚书令荀彧、符宝郎祖弼、侍郎王子服、吴硕、赵彦、长水校尉种辑、少府耿纪、越骑校尉吴子兰、太医吉平、司直韦晃等，其中荀彧还是曹操的智囊，但他本心是忠于汉献帝的。

而忠于曹操的集团成员包括五子良将、曹氏兄弟、夏侯兄弟、典韦、许褚以及郭嘉、贾诩、刘晔、程昱、荀攸等。曹操在对付刘备与孙权及其他割据势力的同时，在朝中将反对他的朝臣们杀的杀，灭的灭。

曹丕继位后，忠于汉献帝的朝臣或死或隐，朝中的势力转为忠于曹魏的集团势力与司马氏集团的争斗。其中司马懿与曹爽集团的争斗最激烈。最后司马懿凭借韬晦隐忍功夫瞒过了曹爽，依靠高平陵兵变一击成功，消灭了曹爽集团势力。曹爽被族灭后，曹魏集团实际上被司马氏集团把控，直到司马炎篡魏建晋。

令曹操万万想不到的是，他防之又防的司马懿还是笑到了最后，他辛辛苦苦“挟天子以令诸侯”打下的江山，被司马懿轻轻松松击败他的草包子孙而得到。

### 东吴：孙氏集团与四大家族的斗争，直接导致人才流失

相比蜀汉与曹魏，东吴政权是最平稳的。“生子当如孙仲谋”，孙权在年轻时，是非常能够团结东吴的文臣武将的。但孙权活得太长了，他年老后表现得非常昏聩，于是孙氏集团与东吴豪族的矛盾开始爆发。

东吴有四大豪族，顾、陆、朱、张。代表人物分别是顾雍、陆逊、朱桓、张温，后人评价这四大家族是“朱武、张文、陆忠、顾厚”，他们是东吴政权朝臣的中坚力量。孙氏集团是皇权，四大豪族为了他们家族的利益，与皇权既有合作又有分歧。

比如赤壁之战前夕，以张昭为首的东吴的文官集团就主张投降，其实他们考虑最多的，就是他们家族的利益，这种分歧被鲁肃一针见血地指出来。孙权称帝后，尤其值得一提的是陆逊家族集团走上历史舞台。孙权执政晚期，陆逊凭借夷陵之战的胜利，当上了东吴的大都督、上大将军、丞相，集文治武功于一身。陆逊确实是忠臣，但陆家的势力确实太大了，他本人一人之下、万人之上不说，他们陆家的子弟皆官登高位，陆康为庐江太守，陆绩为郁林太守，陆瑁为尚书，陆凯为建武校尉，陆凯之弟为交州刺史……而陆家与另一大族顾家又是亲属关系，而顾雍曾是丞相，家族势力也非常大。陆家的势力甚至有超过皇权之势，如果陆逊想造反，孙权还真不好说能胜过他。

孙权对于陆逊，是既用其才，又猜疑其势的。陆逊是忠臣，丝毫没有反意，但他出将入相，权势如此之大，身在朝堂，不得不为朝廷的长治久安着想，于是，卷入了立嗣之争，而皇帝的“家事”又恰恰是孙权最反感朝臣参与的。太子孙和与鲁王孙霸争夺继位权，陆逊力挺太子孙和，而孙权认为鲁王孙霸有文武英才，君臣意见相左，而陆逊又脾气耿

直，最后由于气愤不过，忧虑而死。

陆逊的去世，是东吴最大的人才损失。孙权因为立嗣处理不当，使国家走上了下坡路。孙权驾崩后，东吴再没有出过一个明君，朝政混乱使贤臣远离，最后的皇帝孙皓又是个昏君、暴君，带领东吴走上亡国之路。

一个国家的兴旺与衰亡并不是偶然的，内因和外因同样重要。有一句俗语叫“攘外必先安内”，说的就是内因的作用。曹操之所以不敢放开手脚与孙、刘斗，就是担心“家中生乱”，后方不稳；而刘备之所以三顾茅庐请出诸葛亮，并非是看重他的军事能力，主要是因为诸葛亮在解决内部矛盾方面比较超常。所谓众人拾柴火焰高，只有把内部问题解决好，才能团结一致，靠强有力的拳头战胜对手。

# 悲剧的曹操：不称帝，是因心有大愿，但未捷身先死

汉末三国时期，曹操可以说是数一数二的英雄。“天下英雄谁敌手，曹刘”，对于曹操和刘备来说，孙权是晚辈，所以有“生子当如孙仲谋”之说。曹操依靠他的能力，挟天子以令诸侯，将吕布、袁绍、袁术、张绣等割据势力一一剪除，乌桓也被他剪灭，其声名远播西域。到最后，天下只有刘备和孙权势力未曾收服，三分天下有其二还多。曹操也自诩英雄，曾跟刘备青梅煮酒，自夸天下英雄就他和刘备两个人。当时刘备正在落魄，屈身在曹营种菜，所以曹操的真实意思还是除了自己，天下英雄无出其右的。但有趣的是，能将皇帝玩弄于股掌之中，视天下英雄如狗熊的曹操，到死也没有称帝，这到底是什么原因呢？

## 时机未成熟，袁术是先例

三国英雄中，曹操占天时，孙权占地利，刘备占人和。所谓曹操占天时，是因为他采取了“挟天子以令诸侯”的策略。汉献帝刘协在他眼里，就是个傀儡，任他摆布。占据天时的好处，便是干什么都名正言顺。不管是封官许愿，还是讨伐逆贼。也就是说，曹操说谁行谁就行，说谁是

贼谁就是贼。正因为曹操如此“嚣张”，天下有许多人不服曹操，刘备、孙权不用说，其他诸侯起初也没拿曹操当回事，袁绍还曾讨伐曹操。曹操“名为汉相，实为汉贼”，这是天下人对曹操“挟天子以令诸侯”的回应。

在朝内，曹操也不太平，汉献帝处心积虑对付曹操，不甘当曹操的傀儡。朝中的大臣们，有许多是曹操的心腹，但也有不少视曹操为敌人。董承、种辑、吴硕、王子服、刘备、吴子兰等就曾奉衣带诏谋杀曹操，事败除刘备走脱外，其余皆被诛；就连曹操的智囊荀彧，其实也是反对曹操称帝的，他给曹操出主意，是想曹操当一个汉朝的忠臣。当曹操进位魏王、加九锡时，荀彧就表示反对，并且因为这个事抑郁而死。

过早地称帝，会成为众矢之的，袁术就是一个鲜明的例子。袁术搞到了一个玉玺，自以为拥有了玉玺，又是四世三公门第出身，就可以当皇帝了，没想到最先倒霉的就是他。曹操可没袁术那么愚蠢，当孙权劝他称帝时，他说，这小子要把我放到火炉上烤啊。当即识破了孙权的阴谋诡计。称帝必须天下归心之时，曹操深明这个道理。

### 志在平天下，未捷身先死

其实曹操之志，是在扫平天下。汉末黄巾起义，天下大乱。曹操虽是宦官之养子，却是个乱世英雄。正如许劭评论曹操所说，治世之能臣，乱世之英雄。曹操虽然是个权臣，但正如他自己所说，如果没有自己，真不知有几人称帝，几人称王。他扫平了袁绍、袁术、刘表、马超、吕布、张绣等一干割据势力，西域被他平定，乌桓也被他平定，天下只剩下刘备占领西川、孙权占领江东。三分之二的天下落于曹操之手。如果平定了刘备与孙权，那曹操就是刘邦、刘秀那样帝王级的人物。

曹操利用汉献帝这块牌子，打起仗来是最名正言顺的，占领道德的制高点。不管别人怎么骂，他都是奉旨讨贼，天下的百姓哪里知道那么些事，他们只认圣旨的。可惜的是，当时天下的人才，被分为三份。曹操虽然兵强马壮，人才众多，但刘备与孙权联手，力量也不容小觑。周瑜、吕蒙、陆逊、鲁肃、诸葛亮、庞统、法正、关羽、张飞、马超、赵云、黄忠等人又都是当时人才中数一数二的人物。到最后，曹操没有实现统一天下的愿望，他实际上是抱着深深的遗憾而终的。

### 愿做周文王，武王曹丕做

曹操是忠臣吗？表面上是，实际上他也不是大汉忠臣。如果他是大汉忠臣，就和诸葛亮对蜀汉政权“鞠躬尽瘁”一样了。曹操是“挟天子以令诸侯”，汉献帝在他手里就是个利用的工具。曹操是从内心里看不起汉献帝的，取而代之是早晚的事。之所以在他这一辈没有动手，只是因为时机不成熟而已。曹操自述如果命中注定的话，那他的志向便是做“周文王”。周文王是谁，是灭商的第一推手。姜子牙被他请到，商谈的是灭商大计。周文王为周武王灭商铺平了道路，曹操心中所想的，便是为太子曹丕称帝铺平道路。

所以，曹操与曹丕，实际上是存在默契的，配合得非常好。曹操的权力，在他逝世前一点不剩地传给了曹丕，汉献帝根本就不能左右。汉献帝盼着曹操死，曹操死了，没想到曹操的儿子更穷凶极恶，让他连傀儡皇帝也当不成了，只能去做山阳公。可以说，曹丕完全领会了曹操的精神，继承并发扬之。曹丕称帝，正是曹操所愿。

# 爱哭的刘备和扶不起的阿斗，为何能分庭三国四十年？

“刘备的江山是哭出来的”，这是说评书的单田芳在《三国演义》给刘备的定位。在《三国演义》里，刘备确实爱哭，因为各种事情哭，他这一哭，感动得别人稀里哗啦的，关羽、张飞、赵云誓死相随，诸葛亮鞠躬尽瘁。一没有天时，二没有地利的刘备生生靠“人和”在三国乱世占得一席之地，成为西川之主。

表面看来，刘备文不如诸葛亮、庞统、法正等谋士，武不如关羽、张飞、赵云等猛将，好像他的江山是哭出来的，求出来的，真的是这个道理吗？大错特错也。

## 诸葛亮只是谋士，刘备才是战略家

实际上，刘备少有大志，少拜卢植、郑玄等名儒为师，虽然因为家道中落，但人穷志不短，指着村口的一株像黄罗伞盖的大桑树，就敢说大丈夫当乘这样的车马，吓得他叔叔忙捂住他的嘴，害怕惹出事来。虽然叔叔们害怕刘备惹事，但还是拿钱暗暗资助他，在涿州经商的巨商大贾们，也时不时资助刘备，就连关羽、张飞这样的熊虎之将，也甘愿拜在他的脚下，这是为什么？因为他们看中了刘备非池中之物。三国第一英雄，当属曹操，在刘备落魄之时，曹操都说天下英雄，使君与曹耳。需要注意的是，曹操在这里说的是刘备，不是诸葛亮，曹操骂诸葛亮只是诸葛村夫也。

所以，刘备才是真正的战略家，至于诸葛亮，只是刘备的一个谋士，相当于刘邦跟前的萧何、张良与陈平这样的角色。萧何、张良、陈平能替换刘邦吗？当然不能。刘邦承认自己本事不大，但他却承认自己能驾驭韩信、萧何、张良这样的英雄。其实刘备也是一样的，他本事不大，但却能驾驭诸葛亮、庞统、法正、关羽、张飞、赵云、魏延、马超、黄忠这样的盖世英雄，这岂是一个只会哭的懦夫所能为也。

## 刘备武艺高强，是马上皇帝

刘备并不是一个肩不能挑、手不能提的秀才，他虽然曾拜卢植、郑玄等大儒为师，但他却是个文武双全的皇帝，刘备的箭法很高明，曾经在曹操与汉献帝面前露过一手，也曾经在镇压黄巾起义时立过大功，射杀过黄巾起义将领。黄巾军的余党管亥率众军攻打北海，包围了北海相孔融时，孔融便派太史慈突围向刘备求救。而刘备援军刚到，黄巾军便四散而逃，充分说明刘备在战场上还是很有威名的。

在《三国演义》中，刘备还曾“三英战吕布”，虽然有关羽、张飞二兄弟保驾，但没有两把刷子，在三国第一英雄吕布面前，怕也是一个回合送命的主。刘备屡经战阵，但每次都能化险为夷，说明他逃生的本领了得。而且，刘备的脾气也并不好，历史上鞭打督邮的实际上是刘备，只是《三国演义》中把这一光荣事迹安在张飞头上了。

刘备是实实在在的“马上皇帝”，诸葛亮只是管后勤，上前线的事都是刘备亲临的。火烧赤壁后，率军追杀曹操的，实际上是刘备。率兵取西川，也是刘备亲自率军前往的。刘备的江山，是靠他一刀一枪打下来的。

## 刘备爱哭，是最重情义的皇帝

至于刘备爱哭，只能说明一个问题，他是一个有情有义的皇帝。有人说刘备是假装的，但如果一个人哭了一辈子，你还敢说他是装的吗？

刘备对诸葛亮哭，是哭他终于如鱼得水得到了谋士；刘备对赵云哭，是哭他为了救儿子险些丧命，失一大将；刘备对关羽、张飞哭，是哭兄弟情深，胜过妻子。这些人誓死以报，就是因为刘备对他们是真的好，把他们当兄弟。刘备是这样哭的，也是这样做的，临死托孤给诸葛亮，告诉他如果阿斗实在扶不起来，就替换了他自己干；刘备为了给关羽、张飞报仇，誓言宁可万里江山不要，也要全兄弟之情。他难道不知道破坏孙吴联合的后果吗？自然知道。但刘备更知道，他打天下占的是人和，失了人和，他刘备什么也不是。

在中国历史上，刘备是最重情义的皇帝，刘备的江山，得之于眼泪，也失之于眼泪。最后他死于白帝城，无脸回成都。刘备最后去世时，也是哭着死的。他是哭着与关羽、张飞到地下团圆去了。

阴谋论者，只是不了解刘备，以小人之心度君子之腹罢了。

## 刘禅真的是“扶不起的阿斗”吗？

“扶不起来的阿斗”，这是《三国演义》里给刘禅的盖棺定论。刘禅这个绰号的由来，一是来自于诸葛亮，一是来自他最终的结果。诸葛亮神机妙算，未出茅庐而定三分天下，但刘备死后，他五出祁山也未成功，究其原因，人们大多归罪于前方的马谡失了街亭，后方的阿斗不是睿智之君，净给诸葛亮拖后腿。阿斗最后成了亡国之君，人们总理解为没了诸葛亮的辅佐，亡国便成了必然。于是乎刘禅便成了昏庸之君的代名词。

但有一个最大的疑问就是，诸葛亮去世三十年后蜀汉才亡国，一个昏庸之君能独立执政三十年，在强大的魏国与东吴夹缝中生存吗？一个昏庸之君能驾驭姜维等一众文臣武将三十年保家卫国吗？笔者看来，刘禅不能算是昏庸之君，而应算是平庸之君。

## 刘禅完全委政于诸葛亮是明智之举

刘禅虽然不是一个昏庸的君主，但他跟诸葛亮的智慧比起来，那也是小孩与成年人的差距，不在一个档次上。如果刘备死后，刘禅与诸葛亮争权，形成皇权与相权之间的矛盾冲突，反而容易激发他与诸葛亮的矛盾，将一个忠臣诸葛亮逼成曹操、司马懿那样的权臣。刘禅即位后曰：政由葛氏、祭则寡人。刘禅是很有自知之明的，所以他主动把所有的朝廷权力给了诸葛亮，只管祭祀先祖这样礼仪上的事。刘禅作为一个皇帝的大度反而感化了诸葛亮，诸葛亮也是权臣，但他这个权臣却是一个鞠躬尽瘁的权臣，忠于蜀汉的权臣，这也正是刘禅所需要的。

所以，刘禅完全委政于诸葛亮，看似放权，和汉献帝一样是傀儡皇帝，但却是明智之举。因为因人而异，诸葛亮不是董卓、曹操、司马懿那样的人物。刘禅恰恰利用了诸葛亮的忠心，经过诸葛亮的治理使蜀汉出现繁荣景象。蜀汉虽然连年战争，但川中人民并没有记恨诸葛亮，这充分说明诸葛亮在川中的崇高威望。刘禅认的这个相父，确实没有辜负刘备临终嘱托，做到了鞠躬尽瘁，死而后已。这与刘禅的充分信任是分不开的。

## 刘禅平衡众臣之权有实效

诸葛亮去世后，刘禅没有了权相的制约，但刘禅这个皇帝，在朝廷中可没有崇高的威望。刘备有威望，刘禅是刘备的儿子，他是正宗嫡系继承人，他只有这个标签可以压服群臣。但这个标签压得了一时，压不得一世。刘禅的聪明之举在于，他巧妙地平衡了众臣之间的权力，维持三十年的统治。从表面上看，刘禅信任了奸臣黄皓，实际上，黄皓是刘禅平衡众臣的棋子。不管是费祎、蒋琬，还是大将军姜维，实际上都没有摆脱刘禅的掌心，不管对于皇帝多么气愤，但还是忠于皇帝，没有做出造反的事来。你看姜维最后被逼无奈去屯田避祸了，但在国破家亡之际，他还是想尽办法，最后殉国而死。如果刘禅是个昏庸的浑蛋，姜维会这样吗？

刘禅固然不是一个明君，但他也并不糊涂。历史上的刘禅并不残暴，也不像司马衷那样弱智，朝中也没有妲己那样的美妇祸乱朝纲，只有一个太监黄皓，其实也是刘禅故意制衡众臣的棋子。刘禅也好色，甚至留朝中大臣的夫人过夜，但这样的事情并不多。他只是一个平庸之君，他所犯的是一个平庸皇帝所犯的错误。正因为他平衡众臣之权有效，所以能够维持三十年统治。正因为他是乱世之中的一个平庸之君，所以不免遭遇亡国的命运。

## 刘禅的投降，未尝不是明智之举

三国之中，魏国最强大，东吴次之，蜀汉最弱。也就是说，蜀汉是一个在东吴与曹魏夹缝中生存的国家。所以蜀汉一直奉行联吴抗曹的国策，方能在三国之中苟存。关羽的死破坏了联吴抗曹大计，导致刘备发动夷陵之战，与东吴彻底翻脸，此时是蜀汉最危险的时候。当然，没有了蜀汉的支持，因此东吴也是危在旦夕。因为东吴与蜀汉是唇亡齿寒的关系。蜀汉之所以赖以生存，除了联吴抗曹的国策外，还依靠诸葛亮、姜维等名将的维持。

刘禅其实并不傻，他是知道这个道理的。到了邓艾、钟会大兵临境之时，刘禅感到了危机，姜维远在剑阁，只能阻挡钟会大军，邓艾偷袭阴平，使刘禅摸不着底细，派出的诸葛瞻也兵败身亡。朝中以谯周为代表的大臣们，又都是投降派；而主战的刘理等兄弟党，也只是纸上谈兵，以死报国。在这个关键时刻，刘禅自知以蜀汉国力，抵抗只是死路一条，灭亡是早晚的事；既然已经无力回天，那投降以求免死，就是对刘禅自己最好的选择了。刘禅虽然是个软骨头，但他的投降也未尝不是明智之举，他只不过是一个识时务、知权变的皇帝罢了。

# 魏晋风流：名士清谈的背后

不知潇洒为何物，却看魏晋最风流。魏晋时代是中国历史上一个非常的时代，一方面，那个时代兵荒马乱，民不聊生，三国时期“白骨露于野，千里无鸡鸣”，两晋时代“八王之乱”“五胡乱华”，汉人锐减到几百万人，濒临灭种边缘；另一方面，这个时代的文人陷于苦闷之中，儒家的“仁义礼智信”受到极大挑战，而道家的无为思想在汉武帝“罢黜百家、独尊儒术”之后重新登上历史舞台，清谈之风大行其道。魏晋风流的背后，有其深厚的社会背景和文人的无奈。

## 魏晋名士有多“风流”，“吸毒”喝酒炫富办沙龙

都说魏晋多风流人士，这话不假。魏晋时代，出现了许多奇葩现象，令当代的行为艺术、颓废之举都相形见绌。说到“吸毒”，那个时候流行五石散（又称寒食散），当时许多名人都有服食，比如西晋的大司空、“中国科学制图学之父”裴秀就服食五石散，并因为服食后饮冷酒而死。“少有美誉，清操过人”的东晋名士王恭也不能免服食五石散之俗。东晋的相国、大将军桓玄带头服食。书圣王羲之也有服食五石散的毛病。好像那个时候如果不“吸毒”，就不时尚似的。

说起喝酒，魏晋时代的名士大多有此癖好，“名士不必须奇才，但使常得无事，痛饮酒，熟读《离骚》，便可称名士”，最有名的当属“竹林七贤”嵇康、阮籍、山涛、王戎、向秀、阮咸、刘伶了，阮籍曾经醉酒六十天；阮咸曾经与猪共饮；刘伶边喝酒边乘车，告诉车夫喝到哪里醉死就埋在哪里，因此有了“刘伶醉”传世；富豪石崇也不甘落后，建起私人会所“金谷园”，邀请“第一美男”潘安、“洛阳纸贵”的左思、“闻鸡起舞”的刘琨、名士陆机、陆云兄弟等“金谷二十四友”经常聚会，赋诗不成罚酒三斗，因此有了“金谷酒数”的成语。

说起炫富，不得不说魏晋时代的富人最疯狂，最有名的炫富达人当属石崇、王恺、羊琇这三个超级大富豪。这都是晋武帝司马炎起带头作用而引起的奢靡之风。在晋武帝的率先“垂范”下，满朝大臣以摆阔为荣，王恺和羊琇都是晋武帝的亲戚，晋武帝公开支持他们炫富。王恺家用饴糖水刷锅，羊琇家用活人抱瓮温酒，但他们还是比不过并非皇亲国戚的石崇。石崇曾经将晋武帝送给王恺用于炫富的一株两尺多高珊瑚树摔碎，打开库房，搬来几十株又高又大的珊瑚偿还王恺，而且个个都比王恺的好。在这些穷奢极欲的所谓“名流”带动下，晋人认为炫富是非常体面的事情，攀比之风愈演愈烈。

富人竞富，没有那么多钱的文人雅士们干什么呢？他们也有他们满足内心虚荣的办法，那就是办“沙龙”。魏晋时代的“沙龙”除了饮酒就是清谈，清谈的议题自拟，然后公开进行大辩论，于是人人成为“哲学家”。当然，清谈的议题“莫谈国是”，他们是不敢公开反对皇权、辩论朝政大事的，因为怕有杀头的危险。

### 魏晋清谈，真的是百无一用是书生吗？

魏晋的清谈之风，如果非要找个源头，那得从一个叫何晏的人说起。何晏是谁，看过《三国演义》的人都知道，广义的三国时代是从外戚、大将军何进欲诛尽宦官，反被宦官所杀，从而引发董卓进京开始的。何晏就是大将军何进的孙子。何晏的爷爷被杀，他自己并没有随之倒霉，因为何晏很快抱上了一棵大树。何晏的母亲尹氏嫁给了曹操，成为曹操的一个妾，因此何晏成为曹操名义上的养子；而曹操又把自己的一个女儿嫁给了何晏，这样何晏又成了曹操的女婿。

生活在这样的环境中，何晏的日子过得很滋润，可以专心研究学问。何晏通读《老子》《庄子》《周易》三经，并为之作注，谓之“三玄”，何晏不只具有理论基础，还具有演说才能，兼之是个美男子，具有自然美的特点，所以深得人们喜爱。除了研究学问，演讲这些“正能量”之外，何晏喜吃酒，爱“吸毒”，每天召集一帮文人雅士“风流快活”，所以他被称为“清谈玄学之祖”。

何晏之后，清谈的队伍不断扩大，有与何晏齐名的王弼、“竹林七贤”、夏侯玄、傅嘏、荀粲、李丰、王广、王衍、王修、许询、庾龢、王坦之、韩伯、殷浩、庾亮、阮修、桓温、谢安乃至大书法家王羲之等。如果那个时候不加入“清谈”的队伍，未免就太不时尚了。

但这些风流雅士除了能说推动了逻辑学与玄学发展之外，对于推动社会进步、改善民生并没有什么作用。魏晋是中国的黑暗时代，老百姓生活得很困苦，人口锐减到几百万人，长期的战乱让老百姓都快死光了。

清谈是改变不了老百姓的悲惨命运的。所以清谈虽然时尚，但在当时就遭到了一些“实战派”的抨击。清谈名士王衍是西晋清谈名士，同时位居太尉兼尚书令，是朝廷重臣。当西晋亡国之际，他试图以雄辩的口才摆脱责任，石勒就大骂他：“你名声传遍天下，身居显要职位，年轻时即被朝廷重用，一直到头生白发，怎么能说不参与朝廷政事呢？破坏天下，正是你的罪过。”之后将他活埋。

王衍临死前幡然悔悟：“平时如果不崇尚浮华虚诞，勉力来匡扶天下，也不至于到今天的地步。”而清谈鼻祖何晏、王弼，更是被东晋大儒、《后汉书》作者范晔的祖父范宁指斥为“二人之罪，深于桀纣”。这可正应了那句俗话：百无一用是书生。

### 名士潇洒的背后，是内心的惶恐与无奈

魏晋时代多“风流才子”，多“行为艺术”，后人称之为“魏晋风度”、“魏晋风度”的主角们，在这个大乱时代，刮起了“美容之风”“吸毒之风”“饮酒之风”“清谈之风”“任诞之风”“隐逸之风”“品鉴之风”“奢侈之风”“清议之风”“艺术之风”等。这些风气的形成，与当时的历史环境有深切的关系。

两汉以后，历史进入三国时代，三个国家打了半个世纪的仗，打得三个国家加起来不到一千万人。要知道汉朝鼎盛时期的人口达到六千万人，而损失人口高达百分之八十三。西晋短暂统一后，历史又进入“八王之乱”“五胡乱华”、南北朝时期，动乱的时代时间长达三四百年之久。这一时期的文人是苦闷的，汉武帝“罢黜百家、独尊儒术”的思想大厦，被文人们严重质疑。儒学不能救国，政治上受到高压，人生的出路在哪？于是，另一种诸子百家思想“道学”开始重登历史舞台。何晏批注的《道德经》《庄子》《周易》就是在这样的历史环境下登场的。

为排解苦闷，文人们想出了形形色色的方式，有“吸毒”的，生活

在幻觉之中不能自拔；有美容的，出现了最早的“娘炮”；有饮酒的，饮到发疯发狂；有逃离现实世界到世外桃源的，陶渊明就是个典型；有沉醉于艺术，远离政治的，那时候正是中国书法、绘画的兴盛期；最时尚的，还是清谈，谈天说地吹牛，只要不涉及政治，那谁也管不着。装傻、装糊涂、装疯、装病……文人雅客们各种“装”，其实掩饰的正是内心的惶恐与无奈。国无雄主，报国无门，只能避实就虚，谈东说西，顾左右而言他了……

# 西晋之亡：上层忙于享受，文人忙于清谈

西晋王朝是一个短命王朝，这个王朝虽有所谓的“太康之治”之盛世，但“太康之治”只是表面的、短暂的辉煌，西晋贵族很快就陷入颓靡腐败的生活。经过三国之乱的老百姓，经过短暂的大一统，很快便进入更乱的南北朝时期。西晋之后到隋朝再次大一统之间几百年中，中国一直陷入在动乱、割据与战争的泥沼之中，政局混乱，经济衰退，人口大幅度减少。为什么西晋王朝会造成这种情况，满朝文武、举国贵族崇尚奢靡是原因之一。

## 司马炎不是一个雄才大略的皇帝

晋朝人热衷于斗富，第一责任人其实就是西晋开国皇帝司马炎。司马炎是司马懿的孙子，司马昭的儿子，晋朝江山的得来，其实司马懿立了头功，他掌握了曹魏的大权，使司马家成为三国时期魏国的最大权臣。曹操挟天子以令诸侯，是后汉时期的权臣，玩弄汉献帝于股掌之中。司马懿的做法，和曹操一样，甚至比曹操更阴险，更毒辣。

曹家子孙自从曹芳（包括曹芳）之后，都成了司马家的傀儡。司马懿去世后，司马师和司马昭这哥俩先后继承了司马懿的权力，魏国皇帝

的权力被架空。“司马昭之心，路人皆知”，说的就是司马炎的父亲。因此说司马炎是晋朝的开国皇帝，实际上是他捡了个落地桃。这个江山是司马懿与司马师、司马昭“抢来的”“篡来的”，司马炎称帝是司马昭去世后，给曹魏的最后一击罢了。

因为江山得来的太容易了，所以司马炎并没有像刘邦、刘秀等开国皇帝一样珍惜。初得江山，司马炎“励精图治”了一小段时间，采取一系列经济措施发展生产，开创了所谓的“太康之治”，但灭吴之后，他就将“治国”的人生奋斗目标转向了“享受”。

在掌握了国家的最高权力后，不尽情地享受，觉得冤得慌。史载司马炎“多内宠，平吴后，复纳吴王孙皓宫人数千，自此掖庭殆将万人，而并宠者甚众，帝莫知所适，常乘羊车，恣其所之，至便宴寝”，后宫嫔妃宫女多达万人，哪个嫔妃侍寝，需要靠“羊”引路，羊在哪个宫门口站下了，就在哪个宫睡觉。“普天之下，莫非王土，率土之滨，莫非王臣”，当了皇帝的司马炎为奢侈腐败开了个坏头，上行下效，史载西晋“奢侈之费，甚于天灾”。司马炎并非一个雄才大略的皇帝，他的骄奢淫逸导致西晋仅仅五十年就尝到了亡国的苦果，成为历史上著名的短命王朝。

## “石”“王”斗富成为西晋王朝最有名的斗富新闻

正是因为晋武帝司马炎率先“垂范”，开了个坏头，所以西晋富人的“时尚”就是追求奢侈豪华，就像现在“小人乍富”的土豪一样。西晋的富豪们，没有做慈善的，所有财产都用在追求酒色奢华上，过醉生梦死的生活。

晋武帝富有天下，后宫一万。晋武帝的丞相何曾也不是个好官，他不但不向晋武帝提出谏议，反而上行下效，暗地里与皇帝比享受。何曾一顿饭，就要花掉一万钱，他的儿子何劭看父亲如此奢侈，于是“青出于蓝而胜于蓝”，一顿饭花掉两三万钱，何曾一家人一个月的生活费，就顶一千个平民一个月的花销，最后吃到不知吃什么了，为如何吃到更好的东西“发愁”。晋武帝的儿子晋惠帝司马衷，在民间闹灾荒时，竟然问没有饭吃，为什么不吃肉汤呢？史载他是个傻皇帝，智商有问题，其实这正是贵族们严重脱离群众的生活写照。

另外，一些士族名士对奢靡时尚也起了推波助澜的作用。比如“竹林七贤”里的王戎，其实一点也不“贤”。他当了晋朝的司徒，不是帮助皇帝治理好国家，而是贪污勒索，大肆敛财，每天最大的爱好，就是跟老婆在屋子里数钱。王戎的品行很差，他家有优良的李树，为了防止别人在买了他家的李子后获得李树籽种植，他竟然在卖李子时事先把李核钻破，别说慈善，连一点分享精神也没有。有这样的文人号称“贤”，可见当时的奢靡之风有多厉害！

西晋最有名的富人新闻，是石崇与王恺“斗富”。石崇是当时的中国“首富”，他的钱怎么来的呢？一是当荆州刺史贪来的，二是化装成强盗抢来的。王恺呢，是晋武帝的舅舅，是皇亲国戚，同时官封后将军。王恺不服石崇，加上晋武帝撑腰，于是跟石崇斗起富来。没想到的是，几个回合也斗不过石崇。晋武帝赐给王恺一棵高二尺多的珊瑚树，王恺跟石崇显摆，石崇给他当场摔了，让下人立马端出了高达三四尺的珊瑚树六七株，那意思是我的随便一棵就可以赔偿你；王恺用麦芽糖刷锅，石崇用蜡烛当柴烧；王恺用花椒面漆房子，石崇更过分，用赤石腊当涂料；王恺在家门口用紫丝布做挡风墙，长达四十里，石崇用织锦花缎铺路，长达五十里；王凯家的豪宅很漂亮，石崇家的厕所让客人误以为来到了卧室……皇亲国戚王恺“斗富”输给了土财主石崇，成为当时的最大新闻！

## 富人斗富，文人清谈，穷人造反

皇帝、丞相、皇亲国戚、各州府长官、伪文人都追求以富为荣，以奢华为傲，带动了整个社会风气的腐败，导致西晋王朝屡出奇闻。皇帝到官员王济家吃饭，觉得烤乳猪好吃，王济告诉皇帝，他们家的猪是用人奶喂大的。这位王济还喜欢养马，他们家的马场用钱币铺成，可以说遍地金钱，号称“金沟”；另一位富豪羊琇喜欢喝酒，刻意将温酒的炭屑糅合成兽形，再用来燃烧温酒，这种温酒方法竟然被贵族们效仿而成为“时尚”。

与富人们争相斗富过奢靡生活形成鲜明对比的是，西晋的文人们不关心国事，而喜好“清谈”。可能是因为他们对当时的奢靡之风极度失望而无力改变，只能靠“清谈”这种方式表达志向吧。著名的“竹林七贤”就生活在这个时期。

喝喝酒，吟吟诗，甚至“吸吸毒”，成为当时文人们的活法。西晋是“毒品”五石散最兴旺的时期，长期“吸毒”使文人们产生了幻觉，因此当时出现了许多奇葩，有喝酒喝成狂人的，有赤身裸体表演“行为艺术”的，不一而足。

在这种社会环境下，根本就没有穷人的活路。当时是士族社会，阶层固化，穷人除了造反，是无法改变命运的。富人们生活如此奢靡，并不是因为国家富得流油，而是建立在贫富差距极大的基础上。穷人吃不上饭，导致饥民遍地，义军蜂起。

西晋除了“八王之乱”，其实还有遍地的农民起义。在内部，王侯间争权夺利；在外部，少数民族势力与中原争霸，在农民因为饥饿而起义造反的历史环境下，西晋王朝仅仅半个世纪就被各方势力推翻了。进入东晋时代后的中国，状况就更糟糕了，以前的穷人日子过得虽苦，还能苟且偷生，可在战乱年代，连生存都成了奢望；甚至有些百姓，被各方势力当作“口粮”吃掉。

元朝的张养浩有一首散曲这样写道：“兴，百姓苦；亡，百姓苦。”为什么司马懿在历史上名声这么差？不是他本人有多么坏，而是他的子孙后代建立的王朝，给中国留下了一段黑暗的历史。在这段历史里，富人如此坏，穷人如此苦，风气如此不正，而这段黑暗历史，竟长达三百多年……

# 苻坚与王猛：最佳君臣搭配典范

历史上有很多君臣配合默契，刘邦与萧何、张良，刘备与诸葛亮，曹操与郭嘉，李世民与魏征，赵匡胤与赵普，朱元璋与刘伯温等。其中最有名的，当数刘备与诸葛亮，刘备“三顾茅庐”把诸葛亮请出来，如鱼得水，而诸葛亮的回报是“鞠躬尽瘁，死而后已”，帮助刘备从一介布衣到打下三分天下。而在南北朝的时候，也有一段君臣佳话，他们就是前秦天王苻坚与谋臣王猛，他们的故事丝毫不逊色于刘备与诸葛亮君臣，且打下的江山是天下七分。所以王猛又被后人称为“功盖诸葛第一人”。

## 两拒高官，终遇明主

王猛出身贫寒，年轻时以贩卖畚箕为业，和刘备卖草鞋的出身也大同小异。王猛这个卖畚箕的，与别人不同。别人卖畚箕专注于挣钱，王猛却喜欢读兵书战策，可谓大隐隐于市。和诸葛亮未出茅庐而三分天下一样，王猛虽然做小买卖，但对南北朝时的时局有很深的了解，隐居于闹市，是在等待时机而已。王猛虽穷，但其谈吐文雅，不像个做小买卖的，才华难免会被人发现，其大名鼎鼎不逊于“卧龙凤雏”。有一次，一个人以十倍的价格买他的畚箕，并尊敬地称他为“王公”，这使王猛大吃一惊。可见是金子总会发光的，有才华必遇贵人相助。

王猛其实大可不必卖畚箕，俗话说“学得文武艺，货卖帝王家”，南北朝是乱世，有很多天子王侯是想请王猛出山的。但王猛并不是谁都能请得动的，“良禽择木而栖，良臣择主而事”，王猛渴求的是辅佐明主发光发热，而不是随便在哪个朝廷当个官养家糊口。当时后赵的侍中徐统“有知人之鉴”，见到卖畚箕的王猛感到很惊奇，召请他到后赵当“功曹”，萧何就当过“功曹”，是一个秘书之类的官职。王猛“遁而不应”，畚箕卖不了了，干脆到西岳华山隐居去了。

王猛第二次拒绝的“主公”是桓温，桓温是东晋权臣，曾经灭亡成汉，北伐前秦、前燕等国，打败羌族姚襄，官至东晋王朝的丞相、录尚书事、大司马、南郡公，是曹操一类的人物。王猛是汉人，东晋又是汉政权，按理说王猛从民族感情上说，最应该辅佐东晋。然而，王猛最终还是拒绝了桓温的邀请。在权臣桓温面前，王猛表现得放荡不羁，历史上有一个“王猛扪虱谈天下”的故事，说的是王猛一边在身上抓虱子，一边与桓温谈论天下大事，把桓温讲得心服口服，连说“江东没有一个人能比得上您的才干！”桓温是当时的枭雄，看重王猛，几次想请他出山辅佐，但都被王猛拒绝了。一是王猛觉得桓温的志向与其不符，二是王猛觉得桓温手下人才众多，自己辅佐他不能尽己之智。就像诸葛亮不会辅佐曹操一样。

王猛得遇前秦天王苻坚，是前秦尚书吕婆楼的推荐。当时苻坚还未当上君主，在位的是凶暴的苻生，苻坚想除去苻生，问计于吕婆楼，吕婆楼无计，向苻坚推荐了民间隐士王猛。苻坚让吕婆楼请王猛出山，王猛经过与苻坚的交谈，如鱼得水，终于得遇明主。虽然苻坚没有“三顾茅庐”请出王猛，但二人的缘分却丝毫不逊于刘备与诸葛亮的关系。

## 一年五擢，大刀阔斧

苻坚经过与王猛的交谈，大喜过望，他终于等到了助他实现宏图大业的谋士。就像秦孝公高度信任商鞅、刘备托孤于诸葛亮一样，苻坚对王猛的信任与提拔，前所未有。王猛帮苻坚出谋划策除掉了苻生，苻坚在群臣的劝进下即位，苻坚认为自己的功业不足称帝，自降帝号为天王，称“大秦天王”；苻坚的回报则是提拔王猛为中书侍郎，职掌军国机密。并在一年中五次被擢升，先后担任尚书左丞、尚书左仆射、辅国将军、司隶校尉等，最后官至丞相、中书监、尚书令、大将军、清河郡侯，一人之下，万人之上。一个汉人在氐人政权里享此殊荣，前所未有。

王猛没有辜负苻坚的信任与重托，在当时平县令期间就开始大刀阔斧地进行改革，当众鞭死了一个作恶多端但树大根深的奸吏，引发了朝廷其他官员的“众怒”，但苻坚并未为“众怒”所动，赦免王猛无罪；氐族豪帅出身的姑臧侯樊世是“三朝元老”，威胁要把王猛头悬长安城门，苻坚为保护王猛，寻机将樊世处死；皇太后的弟弟强德酗酒行凶，抢男霸女，王猛不经奏报就将其处死，苻坚也不怪其罪；满朝氐族文武不服王猛，诽谤王猛，苻坚甚至当众对他们鞭打脚踢，吓得众人再不敢找王猛的事。在苻坚的坚定支持下，王猛的改革措施得以顺利实施，前秦由王猛主持、创立新的荐举赏罚制度和官吏考核新标准，并亲自率军荡平西垂，展示了其优越的治国才能与军事才能。王猛的治国才干和军事才干优于诸葛亮，在王猛的辅佐下，前秦统一了中国的北方，国内路不拾遗、夜不闭户，成为当时中国最强大的国家。如果王猛不是早逝，隋唐那样的盛世在前秦就很有可能被提前实现。

## 大志未展，痛失良才

苻坚把王猛视为姜太公一样的人物，放手让王猛裁夺前秦一切军国内外之事，而自己垂衣拱手而治，在朝堂上看着就行了。不但自己高度信任王猛，而且嘱咐太子及其他皇子对待王猛要像对待自己一样。可惜的是，王猛的命不长，就像诸葛亮五次北伐积劳成疾一样，王猛也因太过劳累生命走到了尽头。

王猛病重期间，苻坚食不甘味，亲自为王猛祈祷健康，并派大臣们遍祷名山大川，渴望上天给王猛一些时间。王猛病情好转，苻坚竟因此特赦天下死罪以下的囚犯为他积德增寿。但王猛最终不幸身亡，苻坚三次临棺祭奠恸哭，伤心至极，古今未有。

苻坚之志，是统一天下。他视王猛为臂膀。王猛一死，苻坚如断一臂，再无先前斗志。王猛逝前，曾嘱咐苻坚不能南伐东晋。但苻坚终究不想留下不能一统天下的遗憾，所以违背了王猛的遗愿，坚持南伐东晋，在淝水之战中败于东晋谢玄、谢石、谢琰、桓冲、桓伊诸将，前秦竟因此败，最终由一个占天下十分之七的大国，沦为四分五裂的国家并最终消逝于历史的长河中。一代枭雄苻坚，因得王猛而兴，因失王猛而死，成为历史上最大的遗憾之一。

# 侯景：自封宇宙大将军，古往今来独一人

侯景，在中国历史上是个“叛将”的代名词，他先叛北齐，又叛南梁，当臣时自称“宇宙大将军、都督六合诸军事”，可谓滑天下之大稽。侯景后来当了皇帝，国号大汉，但这个汉皇帝没当几天，就被轰下了台，最后下场很悲惨，被人熬成了“人肉汤”抢着喝。侯景以区区八百人起兵，到攻破建康城时，竟然围城人马达到十万之众，可见侯景的号召力还是蛮强的。他这个“宇宙大将军，都督六合诸军事”的名号，还真不是白叫的。历史的真相到底如何，我们只能从散失的书籍中，窥斑见豹。

## 羯人，侯景延续最后的“辉煌”

侯景虽然是汉名，但他并不是汉族人，而是羯族人。本姓侯骨，字万景。羯族人属于匈奴别部，是匈奴的奴隶。所以后赵政权的第一个皇帝石勒是“从奴隶到皇帝”第一人。后赵时，石勒、石虎这两个皇帝实行“胡汉分治”，禁说“胡”字，称羯人为国人，纵容羯人欺压异族。施行残酷的民族压迫和血腥屠杀，民不聊生，人口锐减，赤地千里。最终，后赵政权被冉闵所推翻。羯人几乎被冉闵灭族。侯景不过是羯人被屠后的残留部落而已。

侯景是山西朔州人，少年时就跟着另一个羯族人尔朱荣南征北战，曾俘虏农民起义军将领葛荣，官拜怀朔镇功曹史、定州刺史等职。后来尔朱荣被北魏孝庄帝元子攸所杀，侯景转投东魏权臣高欢，高欢非常重用侯景，任命他为吏部尚书、濮阳郡公、司徒等职，手握重兵十万。自此侯景完成了从普通的士兵到朝廷高官显贵的转变。

高欢重用侯景，侯景却是一个“头生反骨”的魏延式人物，高欢在时还能压服他，高欢去世后，侯景根本看不起高欢的儿子高澄，起兵造反。而南梁的皇帝梁武帝萧衍此时老年昏庸，为了拉拢侯景，利用他北伐，同意侯景投降南梁，并加封他为河南王、大将军、持节。不久，侯景与梁武帝的养子临贺王萧正德相互勾结，再叛南梁，里应外合攻破台城，饿死梁武帝萧衍，拥立萧正德为帝，侯景为丞相。自此，侯景成为一人之下、万人之上的权臣，延续了羯人最后的“辉煌”。

**报复，侯景誓娶“王谢”士族女**

侯景出身羯族，羯人本来就是匈奴的奴隶，出身偏低。梁武帝虽然重用他，但从骨子里却是看不起他的。那个时候是士族门阀社会，比的是背景出身，当官首先是世家大族才有机会。侯景未反叛时，想看看自己在梁武帝那儿的地位到底有几斤几两，便向梁武帝提到，“请娶于王、谢”，意思是他想娶王谢之家的女子为妻。“旧时王谢堂前燕，飞入寻常百姓家”，王家和谢家在南朝时是最显赫的豪门大族，如果梁武帝答应了，也就象征着侯景自此登上豪门士族之列。但梁武帝给他泼了一盆凉水：“王、谢门高非偶，可于朱、张以下访之。”这意思是说，娶王、谢家的女儿你现在还不配，凑和着娶个朱、张家还算可以。朱、张是稍逊于王、谢的世家大族，侯景听到这个答复后很生气，发誓要“将吴儿女以配奴！”

因为曾经受过梁武帝“不配娶王、谢女”的耻辱，侯景攻灭建康城后的第一件事，就是娶梁朝的公主为妻。为了更好地控制局面，侯景活活饿死梁武帝，废掉刚当上皇帝的萧正德，改立萧纲为帝，并娶萧纲年仅十四岁的女儿溧阳公主为妻，侯景本来已是相国，“入朝不趋，赞拜不名，剑履上殿，依汉萧何故事”，和三国的曹操、司马昭权力无别，但他还嫌官小，权威不大，逼着萧纲封自己为“宇宙大将军、都督六合诸军事”。萧纲惊问：“将军乃有宇宙之号乎？”何为宇宙？宇宙是天文学概念，时间与空间的统一，将天文学概念与官职统一结合，侯景可谓创举；何谓六合？上下、四方为六合，实际上也是宇宙、天地的另一种说法，侯景管天、管地、管时间，比三界主宰玉皇大帝的官瘾还大，可以说是当官当到极致了。他这个官职，因此成为“中国历史上最强的封号”，这种“征服宇宙的那种精神、那种气魄”确实令人叹为观止。

### 灭亡，罪大恶极，善恶到头终有报

但当了“宇宙大将军，都督六合诸军事”这样的大官，侯景也并不满足，没有多长时间，他便毒死萧纲，自立为“大汉皇帝”，史称梁汉帝。真不知刘邦九泉之下有知会作何感想。自此，侯景的地位达到最高峰，但同时也敲响了灭亡的丧钟。

侯景可谓罪大恶极的一个历史人物，“侯景之乱”中死的人不计其数。他围台城围了一百三十多天，死者十之八九。侯景下令，“若破城邑，净杀却，使天下知吾威名”，初围城时，建康城十几万军民，到城破时，仅余数千人。“千里绝烟，人迹罕见，白骨成聚如丘陇焉”。侯景对于中原人民，犯下了累累罪行，但梁朝“王师”又如何呢？史载“佥以王师之酷，甚至侯景”，这可真是“兴，百姓苦；亡，百姓苦”，乱军与“王师”，没有一个好东西，天下尽皆杀戮，百姓苦不堪言。

侯景当了没几天皇帝，建康城就被王僧辩、陈霸先等“王师”攻破了，侯景落了个被杀的结局。侯景曾被人看相，相者说：“此谓豺狼之声，故能食人，亦当为人所食。”侯景吃了不少人，他死后被破城的军民吃掉，就连他的妻子溧阳公主也吃了他一块肉，算是报了杀父灭国之仇。侯景的骨头，被“焚骨扬灰”，将灰就着酒被人喝了。这个“宇宙大将军，都督六合诸军事”，终于归了尘土，与宇宙六合融为一体……

# 梁武帝萧衍：乱世之中的佛系皇帝

梁武帝萧衍是中国历史上一个比较奇葩的皇帝，一方面他有点雄才伟略，抓住时机代齐建梁，成为南北朝时期梁朝的开国皇帝；一方面他又笃信佛教，曾三次舍身为僧；一方面他文才超人，是“竟陵八友”之一；一方面又“不会起名字”，年号为“普通”“大通”“中大通”这样的俗名，孙子起名“大春”“大壮”“大球”“大连”等，好像村中农夫；一方面他俭过汉文，勤如王莽，是皇帝中的佼佼者，享国四十八年，是南朝在位时间最长的皇帝；一方面他又猜疑心重，误信匈奴人叛将侯景，耄耋之年竟然被活活饿死，佛法到底没能救得了这位地位最高的信徒。

## 雄才大略，梁朝代齐半个世纪“天下小康”

梁武帝萧衍是名人之后，出身世家大族。他的远祖，就是“汉初三杰”之一的汉丞相萧何。传到萧衍这里，算来是第二十五代了。萧家在南齐一朝是世家大族，兰陵萧氏是顶级门阀，“四大侨望”之一，“世家之盛，古未有之”。萧衍的爷爷萧道赐，是刘宋王朝的治书侍御史，有侠义之气，史载“居乡有争讼，专赖平之，又周其疾急”，那时就有预言说他爷爷“其后必大”；萧衍的父亲名叫萧顺之，属于皇亲国戚，南齐开国皇帝齐高帝萧道成的族弟，官拜临湘县侯、丹阳尹，他的母族是晋司空张华之后，萧衍的外祖父张穆之官拜交州刺史。生活在这样优越的家庭环境中，加上萧衍聪明绝顶，大大提高了他成功的概率。他先后担任齐朝的户曹属官、参军、太子庶子、给事黄门侍郎、中书侍郎、黄门侍郎、太子中庶子、雍州刺史等官，在齐朝处于举足轻重的地位。

南齐的第六位皇帝萧宝卷是个残暴昏庸的皇帝，他在位期间，“文官告退，武将造反”，老百姓更惨，“工商莫不废业”。右仆射江祏、司空徐孝嗣、右将军萧坦之、领军将军刘暄、始安王萧遥光、太尉陈显达、平西将军崔慧景等大臣或无辜被杀，或起兵反抗被杀，萧衍的亲哥哥尚书令萧懿也未能幸免，因功高震主被冤杀。萧衍本人，也曾被萧宝卷派人刺杀或借刀杀人两次，只不过因为萧衍机警过人，使他未能得逞。为了避免被杀的命运，萧衍起兵造反，征虏将军王珍国、卫尉张稷、宦官黄泰平、张齐等人弑杀萧宝卷迎接萧衍，于是萧衍拥立萧宝融为帝，因功封为大司兵，剑履上殿，入朝不趋，赞拜不名，和当初的曹操、司马懿一样。不久，萧衍被众大臣拥立为帝，梁朝建立，而南齐的末代皇帝齐和帝萧宝融被逼禅位后被杀。

开国之初，萧衍励精图治。一是设谤木函、肺石函，广泛纳谏；二是节俭治国，并带头实施“一冠三年，一被二年”。有名的陶弘景，便是梁朝初期的“山中宰相”，给萧衍出了不少好主意。在他的治理下，“中原士大夫望之以为正朔所在”，史书评价他“俭过汉文，勤如王莽，可谓南朝一令主”，宋朝的欧阳修认为其“有功于民”，明清大思想家王夫之认为“梁氏享国五十年，天下且小康焉”。要知道，南北朝是中国的黑暗乱世，那是一个真正的“吃人”社会，在萧衍的治理下能达到“小康”水平，不是乱世之中的“世外桃源”吗？

## 笃信佛教，乱世之中皇帝想寻“一方净土”

梁武帝之所以被称为武帝，是因为他杀伐果断，对敌人敢于痛下杀手，才打出一片天下的。前朝的直系皇族及萧宝卷的宠臣四十多人，几乎都被他诛杀殆尽。政治无情，但人却是情感动物，尤其是对自己的血缘亲人。明朝的朱元璋对开国功臣们那么狠，但对自己的亲人们却一点也狠不起来。萧衍也一样，对自己亲人的爱到了纵容的程度。他的六弟萧宏，与他的大女儿通奸乱伦，竟然想谋朝篡位刺杀萧衍，最后事败，萧衍的大女儿自尽，而萧衍选择原谅了六弟；萧衍的次子萧综，是吴淑媛怀胎七个月生下的儿子，因为吴淑媛曾是南齐皇帝萧宝卷的妃子，所以有人怀疑他是萧宝卷的遗腹子，但萧衍对萧综视若己出，给他将军的官位和王的爵位。萧综不但不知恩图报，反而率军投降了北魏。萧衍也没有记恨这个儿子，一心想让他回来。萧衍虽然原谅了他的亲人们，但却越来越心灰意冷，曾三次出家为僧，开始从佛家的因果里寻求救赎。

萧衍自从信奉佛教后，戒了荤腥，戒了女色，就连祭祀宗庙的“三牲”也由猪、牛、羊改为了蔬菜。他不但遵守清规戒律，还专心研究佛法，著有《涅萃》《大品》《净名》《三慧》等数百卷佛学著作。梁武帝是位非常博学的学者型皇帝，在信奉佛教之前，他对儒学、道学都深有研究，著有《周易讲疏》《春秋答问》《孔子正言》等儒学著作二百余卷以及《通史》六百卷，《金海》三十卷，五经义注讲疏等二百卷，赞、序、诏、诰、铭、诔、箴、颂、笺、奏等一百二十卷，儒、释、道“三教同源说”就是梁武帝经研究首先提出来的宗教见解，至今仍在影响着人们。在南北朝那样的乱世之中，梁武帝渴望在佛学中寻得一方净土，殊为可贵。

萧衍三次出家，但并没有成功。因为他毕竟是一位皇帝，所以每次“离家出走”都被大臣们又劝又说请了回来。萧衍其实骨子里是有一颗佛心的，乃至后来到了看着所有人都像“好人”、都可劝善的地步。他老年时变得昏聩，其实是太钻入佛学里面的缘故。侯景是个叛将，反复无常，大臣们都看得出来，谏议不要收留他，但萧衍就是不听，而且他还做了一个梦，梦到天下归心。可惜的是，在那个乱世，佛法也救不了世人。侯景反叛，恩将仇报，八十六岁高龄的萧衍竟被其活活饿死，难道说这是萧衍的果报吗？

### 俗中有雅，俗名自有高深学问在

萧衍的著作，如今大多散佚了。人们见到的，多是从其他著作中对他的介绍。不管怎么说，萧衍是一位很有学问的皇帝。据说在佛教传入中国前，中国是没有“魔”字的，中国以前只有“磨”字，是萧衍将“鬼”替代了“石”，创出了“魔”字。魔为梵语“魔罗”的简称，障害、破坏的意思，魔字从鬼，与仓颉造字的会意法不谋而合，可见萧衍的学问。

萧衍当了四十八年皇帝，其中有几个年号特别有意思，一是第二个年号“普通”，二是第三个年号“大通”，三是第四个年号“中大通”。尤其是用“普通”为年号，仿佛穿越到了现代。非但如此，萧衍因为活的年龄比较大，八十六岁才被饿死，所以可以给他的孙子起名字。萧衍孙子的名字也很土，就像之前农村里给孩子们起的名字，比如他的孙子有：大器、大心、大款、大临、大春、大成、大封、大雅、大庄、大钧、大威、大训、大球、大昕、大挚、大圜、大壮、大连等，尤其是大春、大款、大成、大球、大壮、大连等，是不是听着特别亲切，好像穿越一般。

其实我们不要小瞧了“普通”二字，更不要小瞧了“大”字，“普”

是啥意思，普遍、全面的意思，对于皇帝来说，“普天之下，莫非王土”。“通”呢，是通达、没有障碍的意思，普天之下没有障碍，普天之下都很通顺，这难道不是最高的境界吗？萧衍以“普通”为年号，根本不是我们理解的“普普通通”的意思，而是普天之下皆通达的意思。

至于萧衍的孙子皆带一个“大”字，好像很土，看起来很没有学问，其实不然。《道德经》说：“有物混成，先天地生。寂兮寥兮，独立而不改，周行而不殆，可以为天下母。吾不知其名，字之曰道，强为之名曰大。大曰逝，逝曰远，远曰反。故道大，天大，地大，人亦大。”敢叫“大”的人，是夺天地之造化的人，“道大、天大、地大、人亦大”，域中有四大，而人居其一焉。所以萧衍孙子的这个“大”是有出处的。至于农村里惯常叫的大某某，其实也是很有学问的，只是随着时间的推移，人们不解其中的深意而已。

# 萧综：古代亲子鉴定第一人

南北朝时期战乱频发，你方唱罢我登场，其中南梁代替南齐，出现了一波三折的故事。故事的主人公为萧综，他是南梁开国皇帝萧衍的次子，但又被怀疑是南齐东昏侯萧宝卷的遗腹子，为了弄清自己的真正身份，萧综掘了萧宝卷的坟滴血验亲，杀了自己的亲生儿子再次滴血验亲，最终背叛了自己的父亲（或者说是养父），不惜背弃自己的亲生母亲投降他国，最后郁郁不得志病逝。爱恨情仇，剧情跌宕起伏。

## 一个皇室孩子，在爱恨情仇中诞生

南梁时，开国皇帝梁武帝萧衍娶了前朝皇帝萧宝卷的妃子吴淑媛，七个月后，吴淑媛生下了梁武帝的次子，取名萧综。十月怀胎，一朝分娩，而吴淑媛是七个月早产，所以宫中起了绯闻，说萧综不是萧衍的亲生儿子，而是前朝皇帝萧宝卷的遗腹子。但萧衍并不以为意，一直认为萧综是自己的亲生儿子，并赋予他高官厚禄，封他为使持节、都督南兖、兖、青、徐、冀五州诸军事、平北将军、南兖州刺史、镇北将军等职，最后做到豫章王。

南梁与南齐的改朝换代，中间也充满了血雨腥风。萧宝卷是南齐第六个皇帝，他是个昏君，顾命大臣右仆射江祏、司空徐孝嗣、右将军萧坦之、领军将军刘暄等人全部被诛杀，萧衍的兄长萧懿也在被诛杀之列。所以说，萧衍与萧宝卷是有杀兄之仇的。为了替兄报仇，萧衍起兵造反，征虏将军王珍国、宦官黄泰平、张齐等联合杀害了萧宝卷，迎接萧衍和另一位同时起兵的萧宝融进城。后来，萧衍废了萧宝融，开国南梁，并娶了萧宝卷的妃子吴淑媛，而当时，吴淑媛已经有了身孕，但萧衍并不知情。

萧综就是在这样的环境下出生的。由于他七个月出生，所以在宫内传出他不是萧衍亲生儿子的流言。虽然萧衍并没有因此轻看他，但其他兄弟姐妹们却因为争权夺利的原因而排挤他。萧综十五岁时，他经常梦见一个肥壮少年提着自己的脑袋看着自己，他便把这个梦境告诉了母亲。此时的吴淑媛年老色衰，已经失宠，便把萧综七个月出生的事情告诉了萧综，并告诉他梦见的那个人，很像他的亲生父亲东昏侯萧宝卷。这一消息对于萧综来说，无异于晴天霹雳，他决心查出事情的真相。

## 两次滴血验亲，不惜掘墓杀子

古时候鉴定血缘关系，有几种方法，如亲情推理法、常理推测法、滴血认亲法等，其中滴血验亲，又分为合血法和滴骨法。合血法认为将有直系亲情的血液滴入清水中，血会融和在一起；滴骨法认为将亲人的血滴入亲人的骨头上，会渗入进去。所谓“以生者血沥死者骨，渗，即为父子”。中国古代最有名的法医学著作《洗冤录》也记载了滴骨认亲的方法：“谓如某甲是父或母，有骸骨在，某乙来认亲生男或女，何以验之？试令某乙就身刺一两点血，滴骸骨上，是亲生则血沁入骨内，否则不入。”萧综决心用滴骨法验证自己是否真的是东昏侯萧宝卷的遗腹子。

为了验明自己的身世，萧综命令属下偷偷掘开了萧宝卷的坟墓，将萧宝卷的骨头取出一块，割破自己的手指，滴入萧宝卷的骨头上。奇迹发生了，血液真的渗入进骨头里。萧综虽然信了一半，但还不敢完全肯定在皇宫中当了十五年皇子的自己，却是前朝皇帝的遗种，而这个前朝皇帝，与现在的皇帝，还有刻骨的仇恨。母亲的直言相告，滴骨验亲的铁定事实，让萧综仍怀疑这个滴血法到底是不是真的有效。于是他做出了另一项令人瞠目结舌的决定，那就是杀死自己刚刚一个月的儿子，埋葬几天后，再偷偷地将孩子的骨头取出一块，将自己的手指割破，再次来个滴血验亲。结果萧综的血液同样渗入孩子的骨头里。这一下，萧综完全相信了他是前朝皇帝的亲生骨肉，而现在的父皇萧衍，则是他杀父灭国的仇人。

萧综因此成为中国历史上有记载的滴血验亲第一人。实际上，滴血认亲并不科学，血液是否渗入，完全取决于骨膜。如果骨膜已朽，不论什么人的血，滴上都能够渗入的；如果骨膜未朽，即便是亲生儿子或女儿的血，也是无法被吸收渗入的。血液的是否渗入，跟是否有直系亲性根本不搭边。因为滴血验亲，改变了萧综的命运。从此他决心以萧衍为敌，报当年的杀父灭国之仇。

### 投降敌国，但梁武帝最终夺回了他的尸骨

萧综通过滴血验亲和母亲的诉说知道了自己不是萧衍的亲生儿子之后，决心报仇。第一，他苦练武艺，在屋子里堆满沙子行走，以致脚生老茧，他相信这样能练出“飞毛腿”，日行三百里；第二，他暗地里建立齐朝的七庙拜祭，以示不忘先祖之意；第三，他暗中联络敌国北魏，并

千方百计获得兵权，为投降北魏，举兵讨伐梁朝做准备。

由于萧综的滴血验亲是秘密进行的，萧衍并不知情，还像以往一样信任他。虽然其他兄弟们排挤萧综，但萧衍以为这只是出于嫉妒。萧衍放心地赋予萧综军权，封他为豫章王，都督南兖、兖、青、徐、冀五州诸军事，镇北将军。萧衍是把萧综当成亲生儿子对待的。但萧综利用萧衍对他的信任，在对北魏的战争中突然降魏，投奔了北魏的安丰王元延明及在北魏效命的亲叔叔萧宝夤。北魏闻知南梁的豫章王来降，大喜过望，封萧综为高平郡公、丹阳王，并让他娶了北魏孝庄帝的姐姐寿阳长公主，当了北魏的驸马。并先后担任北魏的司徒、太尉、都督齐济西兖三州诸军事、骠骑大将军、开府仪同三司、齐州刺史等重要职务。

萧衍得知自己的二儿子降魏，并改名萧赞，认萧宝卷为亲生父亲的消息后，勃然大怒，毒死了吴淑媛，除去了萧综的宗籍。但后来萧综在北魏生活得并不如意，首先他的叔叔萧宝夤谋反，兵败被杀；其次萧综遭遇河阴之变，妻子寿阳长公主又被叛军杀害。心灰意冷的萧综被驱逐，不得已出家为僧，三十岁时就因病去世了。萧综英年早逝，梁武帝萧衍却难忘旧情，他不但恢复了萧综的宗籍，恢复了吴淑媛的封号，封萧综的儿子萧直为永新侯，而且派人盗回了萧综埋在北魏的遗骨，将他葬在了自己的身边。萧衍信佛，他这样做，大概是佛法感召了他的慈悲心吧！

# 高长恭：世间再无兰陵王

在中国历史上，有四大美女，西施、王昭君、貂蝉、杨玉环，号称“沉鱼落雁、闭月羞花”。同时也有四大美男，潘安、宋玉、兰陵王、卫玠。四大美男中，又以兰陵王高长恭文武双全，既长得美若天人，又是北齐战神，一首《兰陵王入阵曲》荡气回肠，杀得北周军队丢盔卸甲。然而，这位文武双全的美男大帅哥又是一位悲情将军，他屡立战功，是国之栋梁，却被喜欢猜忌的北齐皇帝赐毒酒而死，演绎了一场“生在帝王之家，幸，又大不幸”的历史悲剧。

## 北齐战神，因为美貌不得不戴面具立威

兰陵王全称是兰陵郡王，是北齐高长恭的官职名称。高长恭是皇族，他是南北朝时北齐国开国皇帝高欢的孙子，文襄皇帝高澄的儿子。不过，高长恭并非正妃所生，他的母亲姓氏不详，可能身份低贱，史书上未留姓氏，也可能是胡人女子本来就没有姓氏。高长恭长相阴柔白皙，貌若女人。五胡乱华时期，大量异族进入中原，高长恭很可能是汉人与胡人的混血，故长得美貌异常。

高长恭并非男人中的“花瓶儿”，他有着男人的血性，渴望上阵杀

敌，保家卫国。上天既赋予了高长恭美貌，又赋予他非凡的军事才能。传说为了上阵杀敌立威，高长恭杀敌时会戴上凶恶的面具。历史上有两位戴面具的成名将军，一名是兰陵王，一名是宋朝的狄青。兰陵王是因为长得美貌不足以震慑敌人，狄青是因为脸上有配军印记而戴上面具。兰陵王的美貌还是北齐人的骄傲，当他胜利后摘下面具的那一刻，万人欢呼。在邙山大战中，高长恭大胜北周军队，为了庆祝“邙山大捷”，北齐的军人们集体创作了《兰陵王入阵曲》。

只不过，史书上并未记载高长恭戴面具一事，他戴的可能是遮挡面目的战盔，其他将领也有。只不过高长恭因为美貌出名，后人将战盔演绎成了面具。

## 品性敦厚，深受北齐军民爱戴

兰陵王的品德也很优良，是个德才兼备的人物。史载他“为将躬勤细事，每得甘美，虽一瓜数果，必与将士共之”。从这句话中我可以看出，他与将士有福同享，有难同当，即便得到了一个瓜，几枚水果，也要与将士分享，而不独吞。大家一起吃，哪怕每人只吃一口。大家可以想象，这样一个出身皇族、身份高贵的人，又是大将军，却与普通士兵同甘苦、共患难，军人们谁不愿以死效命呢。想当年大将军吴起就是这样的人，肯为普通士兵吸脓血，所以才成为百战百胜的将军。

兰陵王还是一位胸怀宽广大度的人，有一次他带着护卫进宫办事，结果护卫被皇宫大内吸引，不知去哪儿去参观去了。要知道，随意在皇宫走动是犯死罪的。但高长恭却毫不为意，没有惩罚他的部下。史书记载“仆从尽散，唯有一人，长恭独还”“无所谴罚”。所以，高长恭尽收民心，深受北齐军民爱戴。

## 受主猜忌，自毁名节亦不免一死

但正因为高长恭是个完美的“圣人”级人物，长得好、品德好、武功好，出身皇族，深孚众望，又受过良好的教育，几乎像一块无瑕的美玉，所以遭到了皇帝高纬的猜忌。水至清则无鱼，你太好了，名望超过皇帝，本身就是“罪”。如果哪一天你有了反意，振臂一呼，皇帝该如何应付？

兰陵王也深知这一点，为了防止皇帝迫害，他不惜自毁名节，贪污受贿，装出爱财如命的样子。为了避免立功，他甚至称病不带兵，将功劳让给其他将领去立。因为他一出战，败则损名，胜则又立新功。有一次又有战事，他痛苦于这次没有生病，用手扇自己的嘴巴，唯恐皇帝派将。《兰陵王入阵曲》不免传入宫中，有一次皇帝关切地对他说入阵太深了，有生命危险啊，他以为皇帝是真的关心他，回答说这是高家的家事，没有想到危险。回答完他就后悔了，这怎么是“家事”呢，虽然血缘上与皇帝是一家，但皇帝却只有一个。果然，高纬对他怀恨在心，猜忌更深了。

兰陵王左防右防，也没有防住皇帝的那颗残酷的猜忌之心。要想彻底解决兰陵王对朝廷的威胁，只有高长恭一死。于是有一天，高纬赐了兰陵王一杯毒酒。高长恭饮毒酒时，连个“莫须有”的罪名也没有。兰陵王临死前再一次张扬了他高贵的品德，他将欠他钱的债券都烧了。

从此他不欠这世间的，世间也不欠兰陵王。

# 隋文帝与独孤皇后：首开皇帝一夫一妻制先河

独孤伽罗，是历史上一位比较另类的皇后。隋朝江山因她而有，又因她而亡；她是贤妻良母，又是政治强人，却没有吕后、武则天、慈禧太后那样的霸道；她善妒成性，不允许隋文帝与其他女人有染；她追求一夫一妻制，使六宫虚设，俨然现代人穿越千年。

她是复合型人才，聪明绝顶，最后却被儿子蒙蔽了双眼。

## 刚毅果敢，助夫建隋，与夫并称“二圣”

独孤伽罗是北周名将独孤信的小女儿，要论她的家世，可了不得。独孤信人称“独孤郎”，人美得不得了，貌比潘安、宋玉，曾留下“侧帽风流”的典故。这是什么意思呢，就像西施长得美，连蹙眉都有人模仿一样，独孤信歪戴着帽子，都让全城人模仿。伽罗的母亲也是名门望族，是中古时期首屈一指的清河崔氏，文化修养极高。非但如此，独孤信还是西魏、北周的开国元勋，是西魏的八柱国、大司马，北周的太保、卫国公。独孤信集美貌、武功、地位于一身，加上妻子的文学修养，那生下的孩子该有多么强的优秀基因。

作为独孤信的第七个女儿，同时也是最小的女儿，独孤伽罗美如“七仙女”，继承了父亲的帅、母亲的柔，同时也继承了母亲的文学修养、父亲的刚毅果敢与武功。上马能弯弓射箭，捧书能诵读四书五经。不但贤惠，而且谋略超群，善于决断。多种因素集于一身，独孤伽罗具备了一个政治家的所有素质，虽是女流，但不让须眉。独孤信以独到的眼光，把十四岁的独孤伽罗许配给了十七岁的杨坚。独孤信的眼光真的很独到，大闺女嫁给了北周明帝宇文毓，就是明敬皇后；四闺女嫁给了唐国公李昞，也就是唐高祖李渊的父亲，即元贞皇后；七女儿独孤伽罗，嫁给了杨坚，后来杨坚成为隋朝的开国皇帝，独孤伽罗也便成了文献皇后。一门三皇后，真是前无古人，后无来者。

独孤伽罗的优秀素质，在独孤信政治上失败后显现出来，独孤信后与权臣宇文护政治争斗失败，被逼自杀，作为独孤信的女儿，伽罗因为嫁给了杨坚，逃过此难。因为杨坚的父亲杨忠也是北周的名将，军权在身。虽受牵连，但并未被深责。独孤伽罗此时刻意低调，韬光养晦。因为杨坚夫妇没有被宇文护抓住把柄，所以只是连续八年未被升迁，备受猜忌，但也逃过性命一劫。

杨家相比独孤家，与皇族的关系也丝毫不逊色。杨坚的二弟杨整娶了北周文帝宇文泰的外甥女尉迟氏，三弟杨慧娶了周武帝之妹顺阳公主，自己的女儿杨丽华嫁给了周宣帝宇文赟，也当了皇后。所以杨坚在北周王朝，有了国丈的身份。正是因为有了这个身份，杨坚才得以在朝廷站住脚，并一步步靠近权力中心。然而，这个周宣帝宇文赟并不是一个好皇帝，他沉湎酒色，暴虐荒淫，竟然五位皇后并立，杨丽华是他的原配皇后，他竟然欲赐其自尽，危急时刻，独孤伽罗显现出了一个政治家的素质，她闯进宫去，“诣阁陈谢，叩头流血”，从皇帝手里硬生生地救出了亲生女儿，同时避免了杨氏一门和独孤氏一门受到株连。

周宣帝暴死，给了杨坚夫妇出头的机会。可以说，杨坚和独孤伽罗对宇文赟这个女婿是没有丝毫感情的。女婿一死，年仅七岁的周静帝宇文阐继位，作为皇帝的外公，杨坚当了丞相，并诛杀了对其有威胁的赵王宇文招、陈王宇文纯、越王宇文盛、代王宇文达、滕王宇文逌、毕王宇文贤，大权独揽。是像曹操一样当个权臣，挟天子以驭群臣，还是像司马炎一样取而代之，从外甥手里夺过江山，杨坚犹豫不决。此时独孤伽罗作为杨坚的贤内助，帮助杨坚痛下决心，开国建隋。

隋朝建立后，独孤伽罗并没有退出政治舞台，在后宫相夫教子，而是走上前台，与杨坚共同管理国政，史称“二圣”。实际上，开皇之治的盛世局面，是杨坚与独孤伽罗一起开创的。独孤伽罗与杨坚一起上朝，一起回宫，“政有所失，随则匡正，多有弘益”，这种局面在历史上是罕见的。她终生对杨坚有着影响力，并得到了群臣的认同，这也是中国历史上不多见的怪事。

### 花前月下，海誓山盟，亲定后宫制度

杨坚与独孤伽罗是患难夫妻。独孤伽罗十四岁就嫁给了杨坚，属于门当户对，亦属于青梅竹马。杨坚爱独孤伽罗，独孤伽罗也深爱杨坚。当独孤信被逼自杀时，反是独孤伽罗有男子汉气息，保持了政治家的镇定；当亲生女儿有生命危险时，又是独孤伽罗勇敢地闯宫，从残暴的皇帝手里救下了女儿。杨坚是很佩服这位既美貌又勇敢的妻子的，而独孤伽罗也对丈夫提出了硬性要求：誓无异生之子。也就是让他发誓不要与别的女人生孩子。作为皇帝，不可以与别的妃子生孩子，这样的要求，也只有独孤伽罗能提出来，也只有杨坚做得到。

独孤伽罗一口气给杨坚生了十个孩子，五个儿子，五个女儿，她独

爱杨坚，容不得杨坚与别的妃子在一起。作为皇帝，这对杨坚还真是个巨大的考验。这里面有许多小故事，有一次杨坚忍不住宠幸了一个宫女，被独孤伽罗知道了，独孤伽罗毫不犹豫就把那个受宠的宫女杀了，虽然残忍，但她用事实告诉杨坚，说过的事，就不许违背诺言，否则就要承担严重的后果。气得杨坚“离家出走”，骑着马跑了，连皇帝都不当了，最后还是大臣们把杨坚找回来了，独孤伽罗也觉得自己杀人过分了，向杨坚道了歉，夫妻俩和好如初。

独孤伽罗先于杨坚去世，终年五十九岁。她与杨坚整整过了四十五年的夫妻生活，杨坚甚至认为她是观音菩萨转世。独孤伽罗的死对杨坚打击很大，六十二岁的老皇帝亲自为皇后送葬，其情深意切，感天动地。

### 被子蒙蔽，终酿恶果，致隋二世而亡

然而，与杨坚一同开创“开皇之治”的独孤皇后，却又一手葬送了它。

原来，在立谁为太子的问题上，独孤伽罗起了误导作用。她一生深爱杨坚一人，同时也对自己的儿子提出了这样的要求，要求他们要感情专一。偏偏大儿子杨勇生在帝王之家，爱好女色，宠幸了几个妃子，偏偏不喜欢太子妃。这让当娘的独孤伽罗很不爽。而二儿子杨广，却表现得令独孤伽罗满意，他专宠萧氏，表现得感情专一。独孤伽罗哪里知道，自己的亲生儿子，是一个善于表演的天才，他此举只是为了博得娘的欢心而已。

聪明一世的独孤伽罗被二儿子杨广用障眼法骗了，她站在了杨广一边，力主废了杨勇太子之位，传位于二儿子杨广。废长立幼，本来就是违背法统的事，但宠爱妻子、认为妻子一世聪明的杨坚也犯了糊涂，夫妻二人共同做出了废长立幼的决定。

独孤伽罗去世后，杨广露出了他好色的本相，在杨坚生病期间，竟敢调戏杨坚的妃子宣华夫人，宣华夫人将杨广的不轨之举告诉生病的杨坚时，杨坚气得连说“独孤误我！独孤误我！”然而，此时他已无力改变杨广继位的结果，自己把自己给活生生气死了。

杨广继位，隋朝二世而亡。睿智的杨坚与独孤伽罗，怎么也没有想到，他们的儿子是这么一个东西，把好端端的大隋江山，好端端的开皇盛世，短短十几年就给弄丢了。对于大隋王朝来说，这可真是成也伽罗，败也伽罗。

# 韩擒虎：一代名将死后竟成了阎罗王

在中国历史上的战将中，或许没有比这一位将军更富有传奇色彩的了。他曾凭借三寸不烂之舌，说服久攻不下的另一位著名战将开城投降；他曾率五百铁骑兵不血刃，攻破一国，活捉天子与王后；他曾用威严的目光令突厥使者丧胆，他曾用一世英名令被征服国箪食壶浆；他生前就被人看到阴司派人迎驾，说他是阴间的“阎罗王”，不三日大笑而终，这么“迷信”的故事竟然上了严谨的史书，成为咄咄怪事。

## 兵不血刃退敌军，出言不逊遇对手

“整整复斜斜，随旗簇晚沙。门外韩擒虎，楼头张丽华。谁怜容足地，却羡井中蛙。王颁兵势急，鼓下坐蛮奴。潋滟倪塘水，叉牙出骨须。干芦一炬火，回首是平芜。”这是唐朝号称“小杜”的杜牧写的《台城曲》，说的就是隋朝大将韩擒虎的故事。

韩擒虎，字子通，河南东垣人，本名韩擒豹，因为十三岁时打过一头猛虎，所以改名叫韩擒虎。韩擒虎是将门之后，他的父亲叫韩雄，是北周的大将。但在《隋书》中，韩擒虎叫“韩擒”，既没有“虎”字也没有“豹”字，这是因为《隋书》是唐朝房玄龄编纂的，而唐人对于皇帝及皇帝的先祖是颇多忌讳的，李世民有个先祖叫李虎，所以写《隋书》时，韩擒虎的“虎”字便被省略了，而李世民管韩擒虎叫“韩擒武”。以“武”代“虎”，倒也颇带阳刚之气。既然能打虎擒豹，想象中也是个身大力不亏的人，史载其“容貌魁岸，有雄杰之表”，长有一副英雄豪杰的模样。

不止长得好，韩擒虎也好学。“性好书，经史百家皆略知大旨”“少慷慨，以胆略见称”，从史书对他的记载来看，韩擒虎是个全才，既长得魁梧高大，又仗义疏财，既武艺高强，又胆大心细，而且精通谋略，有一副好口才。这么优秀的人才，还是个官二代，其前途可想而知。北周太祖宇文泰因为韩擒虎的优秀，让儿子们主动跟他交往，并且重用他。韩雄去世后，韩擒虎承袭父亲的爵位，授新义郡公。并因军功拜为都督、新安太守，后迁为仪同三司。

## 三寸铁舌降叛将，五百骑兵灭南陈

韩擒虎办的最牛的一件事，是动用三寸不烂之舌，说服独孤永业投降。此时是南北朝时期，韩擒虎是北朝北周的将领，随周武帝宇文邕伐北朝的北齐，北齐有一著名的将领叫独孤永业，手下有重兵三万，镇守洛州。独孤永业是北周非常惧怕的一位将领，曾经用增添马槽之计智退宇文邕，被北齐国主晋封为开府、临川王。要想说服北齐的王爷投降，该有多么大的胆略和口才啊，《三国演义》中的诸葛亮临阵也只是骂死王朗，还没到能说服这个老奸臣改邪归正的地步。但韩擒虎就是这么一员福将，他单人独骑闯齐营，硬是通过讲明敌我大势，说服强大的敌人放下武器，兵不血刃取了洛州。

韩擒虎打的另一场仗就更玄乎了，此时已是大隋时期，隋文帝杨坚派二儿子杨广为帅，发动平陈之战，韩擒虎为先锋。当时杨广手下大将纷纷争功，其中一员猛将贺若弼率先发动战役，与南陈军主力血战。韩擒虎趁此机会，只率五百铁骑出庐江由横江口夜渡长江，陈军守将在醉梦中被韩擒虎生俘，一举攻下采石，半日攻破姑苏，江南百姓惧其威名，纷纷投降，陈后主派来抵抗的陈朝将军樊巡、鲁世真、田瑞、任忠等相继投降，更可笑的是一位叫任蛮奴的将军，对其他陈朝将领说：老夫尚且投降了，何况你们，赶紧投降吧。于是韩擒虎兵不血刃，陈朝举城投降，陈后主与妃子张丽华同时被俘。

凭此两仗，韩擒虎已足以名留青史，身列名将之列了。擒虎虽勇，但也有攻不下的山头。陈军最硬的汉子，是陈朝大将周罗睺，史载其“善骑射，好鹰狗，任侠放荡，收聚亡命，阴习兵书”“执笔制诗，上马入阵，不在人后”，周罗睺与隋军相持数月，没有哪位大将可以啃下这块硬骨头，最后还是陈后主投降了，杨广拿着陈后主的圣旨让其投降，他才解散军士，自己单身投降。韩擒虎污辱周罗睺：“让你早投降你不肯，现在没有那些早投降的职位高，你后悔吗，不脸红吗？”周罗睺回答说：“以前我在江南的时候，早就听说您是一位贞节之士。今天听您这么一说，真不应该是忠臣该说的话啊。”韩擒虎先仕北周，后仕大隋，反被一降者污辱，被说到痛点上，武艺上敌不过周罗睺，口才上也敌不过，惭愧至极。韩擒虎是“常胜将军”，在朝堂上与周罗睺一辩，可能是他唯一的败绩吧！

### 传人成大唐名将，病死成阎罗王

大唐朝的军神叫李靖，李靖的武艺、兵法从哪来的？许多就传自韩擒虎。因为李靖与韩擒虎颇有渊源，他是韩擒虎的外甥；而且，韩擒虎这位亲娘舅非常看重这个外甥，着意培养他。韩擒虎的培养方法很特别，他把自己当成靶子，让李靖练习射箭、枪法，让李靖射自己或用枪挑掉自己头上的铜钱，稍有不慎，便会要了舅舅的老命。在韩擒虎的压力下，李靖进步神速，不管是武艺还是兵法，远远地超过韩擒虎。韩擒虎对于外甥青出于蓝而胜于蓝非常高兴，李靖竟也当仁不让。韩擒虎曾经说过，当前可以与之谈论孙吴兵法的，也只有我外甥李靖了。李靖也曾经说过，韩擒虎哪懂什么奇正之道，无非以奇为奇，以正为正罢了。李靖自负如此，就如韩擒虎当年一样。

在韩擒虎身上，有许多奇闻逸事，他在伐陈地之前，民间曾流传着一首儿歌："黄斑青骢马，发自寿阳涘，来时冬气末，去日春风始。"他的名字中带有"虎"，虎就是黄斑，他骑的就是青骢马，他也是从寿阳起名的，而且他就是从冬天十一月发兵，第二年春天一月份胜利归来的，果然像歌声一样，冥冥之中似有天定。更离谱的是，他在临终前，一位重病的人跑到他家，求见大王，家人问求见什么大王，这位重病的人回称说"阎罗王"，而且，有一位妇人亲眼看到有盛大的鬼差仪仗队到他家迎接他。韩擒虎说，生前上柱国，死后阎罗王，我这辈子没白活了。这个民间传说竟被收入《隋书·韩擒虎传》，可见事情是有的。民间有所谓四大阎王之说：韩擒虎、寇准、包拯、范仲淹，韩擒虎位列其一。

# 唐太宗李世民有没有篡改国史?

唐太宗是中国历史上最有名的皇帝之一，同时也是最有争议的皇帝之一。一方面，他在灭隋的战争中功劳卓越，称帝后开创了路不拾遗、夜不闭户的“贞观之治”；但另一方面，他又是个血腥的杀手，发动“玄武门兵变”杀死自己的亲大哥李建成和四弟李元吉。更过分的是，他为了防止李建成和李元吉的后代报复，将二人的子孙全部杀死，一改慈善、大度形象。李渊将李世民立为太子，是在血腥中被迫做出的决定，并且不久就禅位于李世民。而在许多史书中，都将李世民的这一血腥宫廷政变写成李世民的“无奈之举”，这让人不得不怀疑李世民篡改了国史。

许多事实证明，唐太宗确实篡改了国史。“历史是由胜利者书写的”，千古一帝李世民，成为这一名言的忠实拥趸。

### 温大雅给李世民“曝了光”

在李世民称帝之前，文天祥的《正气歌》里曾经有两句是专门称赞史官的，“在齐太史简，在晋董狐笔”。齐国大夫崔杼弑杀了齐庄公，齐国负责记录历史的太史坚持秉笔直说，崔杼一气之下杀死了太史兄弟三人，但老四仍然“前仆后继”，不改初衷，弄得崔杼没办法，只得认命；晋国的史官董狐也是这样，赵穿、赵盾兄弟弑杀了晋灵公，董狐不顾赵盾的解释，照样秉笔直书。唐太宗称帝后，曾经问过负责写皇帝起居注的褚遂良，褚遂良向他解释，设立起居郎的职务，如同古代的史官，善行恶行都要记录在案，以督促皇帝不犯错。唐太宗要求看看史官怎么写的，褚遂良说：我从未听说皇帝本人要看这些内容的。唐太宗追问，如果我有不好的言论、行为，你也要记下来吗？褚遂良表示了肯定，这是我的职责所在，您的一言一行，我都要记下来。

史官的“独立性”让唐太宗惶恐不安，他最怕留下“千古骂名”，因此下令修改了史书。我们看到《旧唐书》《新唐书》以及宋代的《资治通鉴》，都记载着李世民的英明神武，多褒扬之词，甚至将“玄武门之变”也美化成了李世民的无奈之举，好像李建成、李元吉及其子孙后代都罪有应得，李渊早该禅位。但纸包不住火，在李世民称帝前，亲自参加过反隋起义的温大雅曾经写过一本《大唐创业起居注》，同样记录了李渊、李世民反隋的历史。温大雅的父亲是北齐文林馆学士，温大雅本人是隋朝的东宫学士、长安县尉，后成为李渊大将军府记室参军，他所写的《大唐创业起居注》奉李渊的敕令写的，成书于武德期间，年代上更早。在这本书里，李渊才是大唐创业的主要谋划者及实施者，而李世民充其量是一名优秀的配角。温大雅的这本书，记录了李渊与李世民的另一幅形象。我们可以想象，如果作为主帅的李渊那么无能，作为太子的李建成及一方将军的李元吉那么废物，仅靠李世民一己之力，怎么会打下唐朝的万里江山。

## 李世民的政绩与内疚有关

李世民发动玄武门之变称帝后，确实开创了“贞观之治”的大好局面，李世民善于纳谏，尤其善待李建成原来的僚属魏征，称他为一面“人镜”。“以铜为镜，可以正衣冠；以史为镜，可以知兴替；以人为镜，可以明是非”的名言就来自于这一对君臣。但李世民并不是一个天然的善于纳谏者，笔者认为，李世民确实想成为一代明君，以此证明他上台后治理国家的能力比李建成、李元吉强得多。他要用辉煌的政绩，得到人们对他杀兄灭弟、逼父禅位行为的原谅。李世民确实做到了，但他的政绩有一个重大原因是缘于“内疚”，他是在弥补过错。

李世民在晚年曾经著《帝范》一书教导太子李治，这是他真实心情的流露。他对太子李治说：“你应当以古代的圣哲贤王为师，像我这样，是绝对不能效法的。……我自从登基以来，所犯过失是很多的。”李世民虽然没有跟太子提他发动“玄武门之变”的事，但可以想象，这是他心中永远的痛。他不让太子效法英明神武的他，从一个侧面可以解释他内心矛盾的心理。人贵有自知之明，李世民雄才大略，怎么会不知道自己的短板呢？

## 李世民的“史官改革”掩耳盗铃

李世民为了不给后人留下千古骂名，可谓是煞费苦心。他恃权强行亲看史官写的史书，并对史官写的史书提出“合理化建议”，让其按他的意图修改。金口玉言，谁敢不听呢？在李世民之前，国史由著作郎负责编纂，著作郎隶属中书省，晋代改属秘书省，号称大著作。贞观三年，李世民在中书省特别设置秘书内省，专门负责修撰前朝国史，同年腊月，又将史馆移入禁中，设于门下内省北面，由宰相兼修，以后沿为定制。另设修撰、直馆等官。至此，史馆成了皇帝直接管理的门下省的常设机构。从此之后，史官记档与修史分离，史官只负责记档，不负责修史，另由专人负责编写国史。

经过李世民的改革，史官的独立性大受影响，修史成了“写作业”，对皇帝为尊者讳，伪造了许多情节，编造了许多理由。很多时候，要靠我们自己的智慧分析，才能从字里行间得出最接近于事实的结论。

# 唐朝时期的留学生：考试合格入朝为官也可回国

唐朝是古代世界历史上中国社会地位最高的时代之一，所以“万国来朝”。唐朝奉行开放的国家政策，李世民被中国周边的民族尊为“天可汗”。唐朝之所以社会地位高，是因为其国土的广大，经济的发达，军事上的一系列胜利，科学技术文化领域上的先进，让其他各国敬畏。古时虽是“朝贡体系”，但其他各国是真心服气，所以纷纷派遣留学生来中国学习。而唐朝朝廷也拿出了大国气度，友好对待各国派来的留学生，致使长安成为国际性大都市。

## 留学费用基本全包，外国人享受幸福生活

唐朝的外国留学生，包括日本、高丽、百济、新罗、高昌、吐蕃、柬埔寨、安南、尼泊尔、缅甸、大食、波斯、印度、斯里兰卡等，史载“高丽、百济、新罗、高昌、吐蕃等诸国酋长，亦遣子弟入于国学之内……八千余人，济济洋洋焉，儒学之盛，古昔未之有也”“太学诸生三千员，新罗、日本诸国，皆遣子入朝受业”。许多外国留学生的名字见诸历史，如日本的小野妹子、阿倍仲麻侣（汉名晁衡）、橘逸势、半须贺雄、长岑高名、空海和尚、菅原清公、多治比县守、粟田真人、藤原清河、高阶远成、

藤原不比等、伊吉博德、吉备真备、大和长冈、藤原葛野麻吕、朝野鹿取、道昭和尚、最澄和尚，新罗的崔致远、李同，大食人李彦升等，其中日本派来的最多，韩国其次。留学人员分为两种，一种是留学生，一种是留学僧。唐朝对这两种人员，吃、住、穿等基本生活费用由国家提供，免去了留学人员的生活之忧。

留学生学习的地方，叫国子监。留学人员也有一些自费项目。比如单独给老师的“学费”，这是本着尊师重教的象征意义来说的，从孔子那时候就留下了交“束脩”的例。这笔钱不能由国家负担，因为要教导学生尊重你的老师，自然要自己拿出来意思意思。但这笔费用很少，象征性而已。另一部分费用是书本费，这个是自理的。古代的印刷术不像现代这样发达，书本的成本费是较高的，同时也表示对于知识的尊重，故由自己负担。还有就是自己的日常交际费用，喝个酒，旅个游，去青楼妓院喝个茶什么的，这个国家是不管的。历史记载新罗人李同到中国来留学，带来了纹银三百两，这是他留学九年的生活费用。

一般来说，外国人一踏入中国的土地，车船费用、吃住费用，是由国家相关部门负责管理的。他们在中国享受的待遇，是外宾待遇。在首都长安有一个部门叫鸿胪寺，专门负责外国留学生事务。可见，大唐对外国留学生的待遇算是仁至义尽了。

### 专门设置宾贡进士，考试难度相对较小

国外的留学生，毕竟与中国本土的科举生水平不一样，因为所有的教学语言，都是汉语，就像我们现在去外国留学，必须先过外语关一样，唐朝时来中国留学的外国学生，也得先过汉语关，否则是无法完成学业的。那时候的首都是长安，所以外国留学生，必须先得学会一口地道的

陕西话。有的外国留学生，因为没有学好唐朝的官话，而不能入学国子监，比如日本的半须贺雄和长岑高名，因为学习太差被国子监拒收，而另一位日本人橘逸势，因为没有学好唐朝的官话不能入太学，无奈自学成材（自己学习古琴去了）而青史留名。

国子监学习的内容，有六个专业：国子学、太学、四门学、律学、书学和算学。其中国子学、太学、四门学是设门槛的，门槛指的是家庭背景，要求学生家庭背景依次是三品、五品、七品以上，虽然这有些不公平，但唐朝是从讲究门阀制度的魏晋南北朝时期过来的，那个时候是“九品中正制”，没有一定的家庭背景是不可能做官的。而后面的律学、书学、算学主要是一些专科技术，属于“理科专业”，是研究自然科学的，没有门槛，成绩优秀的平民也可入学，发明活字印刷术的宋代大发明家毕昇就是平民。可别小看这六门课程，内容涵盖了经文到时事政治、经济、制度、军事、法律、盐政、漕运、历史、数学、文字学诸方面，留学生们回国后，对其国内的官场制度、学制、田制、税制、兵役、法律、学术思想、文学作品、礼制、医学、书法、音乐工艺技术、饮食起居、风俗习惯等造成深远的影响，尤其是日本和韩国影响尤甚。日本学士院院长山田三良博士就说过，中国文化和日本文化是同一种子在不同地方生长起来的。

这么复杂的学问，外国留学生学起来当然会有一些难度。为了帮助外国人过关，唐代朝廷专门设置了一项针对外国留学生的考试制度——宾贡进士。这是唐穆宗时期发明的。宾贡进士制度根据外国留学生地域不同、文化背景不同，在考试难度、录取方式、录取比例上实行“优惠”政策，与唐朝本土的“国子进士”“乡贡进士”有很大不同。因为有了优惠政策，外国留学生除了一部分资质太差的以外，是可以通过学习过关的。

## 考试合格入朝为官，也可礼送回国效命

唐朝对于外国留学生毕业后的去向，采取了比较宽松的政策，他们既可以在唐朝为官，又可以被礼送回国，这是很自由的留学生政策。当然，也有的留学生，因为唐朝皇帝认为是人才，采取留用唐朝不放回国的。

外国留学生在唐朝为官的为数众多，比如日本人粟田真人当了武周朝的“司膳卿”，藤原清河当了玄宗朝的“特进秘书监”，高阶远成当了德宗朝的“中大夫试太子中允”，最有名的是阿倍仲麻吕，也就是晁衡，他与王维、李白等唐朝一流的诗人成为了好友，一度想回国还遇到风暴没能回去，结果在唐朝当了五十四年的官，成为唐玄宗、唐肃宗、唐代宗时期的“三朝元老”，活了七十三岁才在长安逝世，生前当过镇南都护，死后唐代宗还追赠他从二品潞州大都督的殊荣。

当然，更多的外国留学生还是选择学成归国，为自己的国家效力。日本人藤原不比等、粟田真人、伊吉博德从唐朝学成回国后，主持编定了日本法律《大宝律令》，吉备真备、大和长冈共同制定了日本法律《养老律令》，多治比县守、藤原葛野麻吕、朝野鹿取、菅原清公任等人学成归国后，都在日本政府担任了高官，影响了日本政局。日本高僧道昭和尚、最澄和尚、空海和尚等，都得益于在大唐的留学僧生活，回国后创建了日本的天台宗、真言宗，其中道诏和尚还是《西游记》中唐僧（唐玄奘）的得意弟子，将中国的法相宗传到日本，临回国唐僧还赠他舍利、经论和铛子等，成为中日文化交流史上的一段佳话。

和阿倍仲麻侣比肩的新罗人崔致远是个大才子，他在新罗是个贵族，但来到唐朝后，由于久试不第，生活上遇到很大困难，乃至到了“席冷而窗风摆雪，笔干而砚水成冰”的地步，但他不怕困难，由奢入俭，终

于依靠勤学苦读一举及第，先后担任唐朝的溧水县尉、侍御府内奉、都统巡官、承务郎、馆驿巡官等职务，以大唐三品官衔荣归新罗。崔致远回到新罗后，受到的待遇更为隆重，担任侍读兼翰林学士、守兵部侍郎知瑞书监职务，出守太山、富城二郡，死后被追谥“文昌侯”，成为新罗国的“东国儒宗”“东国文学之祖”，声望之隆，千古未有。

外国留学生虽然在唐朝受到优厚的待遇，但并不等于他们在唐朝有特权。相反，他们在唐朝的法律面前是“人人平等”的，唐朝规定“诸化外人，同类自相犯者，各依本俗法；异类相犯者，以法律论”。这句话的意思的说，如果罪犯都来自同一个国家，则按照该国的法律处置，如果罪犯涉及多个国家包括唐朝，比如唐朝国民和外国人起冲突犯罪的话，则按唐朝法律来处置。可见，唐朝对外国留学生并不是无所约束的。

# 王玄策：唐朝最牛外交官

网上疯传唐朝名将王玄策一人灭一国的事迹，其实这真的是“妄传”。中国古语有“双拳难敌四手，恶虎还怕狼多”的说法，一个人即便是块铁，又能捻几颗钉呢？真实的情况是，王玄策是唐朝使臣，受到印度叛王的欺辱后没有回大唐搬兵，而是向路过唐朝的臣服国吐蕃借兵，吐蕃出兵一千二百人，吐蕃的臣服国泥婆国出兵七千人，这两国借给了王玄策八千多联军，而王玄策凭借这八千多人，击败了中天竺国，俘虏了国王、王妃、王子，带着一万多俘虏到唐首都长安报捷，成就了所谓“一人灭一国”的神话。

## 王玄策是继“唐僧取经”后四度出使印度的“俗人”

说起王玄策，不能不顺便提一下唐僧取经的故事。历史上真实的“唐僧取经”，是一个俗名为陈祎、法名为玄奘的法师，偷渡到印度去的，没有唐太宗礼送御弟唐僧一说，当然更没有什么通关文牒了。大唐到印度的距离，也没有十万八千里，而是路程的一半，五万里。到达的所谓西天，也不是灵山雷音寺，而是印度佛教中心那烂陀寺，见到的也不是我佛如来，而是受到了印度国王戒日王诗罗逸多的礼遇。

戒日王是一名出色的国王，统一了北印度，同时还是一名剧作家、诗人，著有《龙喜记》《璎珞记》《钟情记》《八大灵塔梵赞》《野朝赞》等著作。他对偷渡西行求法的玄奘非常友好。而玄奘西行，将中国的《道德经》译成梵文传给印度，也将印度的佛教经典带回唐朝，玄奘充当的是一名文化使者的角色。玄奘法师虽然是偷渡出去的，但回国后却受到了朝廷的大力支持和礼遇，成为当时中国最有名的法师、翻译家、法相宗的创始人。

王玄策是和玄奘法师同时代的人，不过，他比玄奘稍晚一点。王玄策曾经四度出使印度（一说三次），开始见到的也是戒日王。不过，他是以唐朝外交官的身份代表国家去的。玄奘西行，翻译了诸多佛家经典，创作了《大唐西域记》一书，而王玄策也创作出了《中天竺国行记》十卷、图三卷，带回了宝珠、大珍珠、象牙佛塔、舍利宝塔、佛印等印度宝物，并引进了印度先进的制糖工艺，成为中印“西藏—印度路”的主要开拓者。

王玄策“一人灭一国”的故事，发生在戒日王去世后，戒日王没有子嗣，大臣那伏帝阿罗那顺自立为王，采取敌视唐朝的政策，因此王玄策这个三十人的使团就倒霉了，不但其他印度邦国进奉的财宝被抢，连王玄策和副使等使团人员也当了那伏帝的俘虏。好在那伏帝不得人心，戒日王的妹妹拉迦室利公主偷偷将王玄策及副使蒋师仁放出，二人成功越狱逃出生天。作为“天可汗”唐太宗的使臣，竟然被印度小小的邦国俘虏，是可忍孰不可忍，二人下决心一定要报仇雪耻。

**吐蕃借兵给王玄策自有其目的，中天竺国力不敌吐蕃**

王玄策与副使蒋师仁并没有返回唐朝搬请救兵，而是来到了天竺国的近邻吐蕃，也就是现在中国的西藏。吐蕃王朝那时候是一个强大的王朝，国王正是迎娶过唐朝文成公主的松赞干布。吐蕃实际上是长期与唐朝为敌的，但军事实力和经济实力不敌唐朝，因此两国联姻，化敌为友。吐蕃因为与印度为邻，领土争端是不可避免的，而且，古时候的国王们，大多雄才大略、有扩张领土的野心，而且是靠拳头说话的。几乎所有的大国，都是打出来的江山。当王玄策向吐蕃王提出借兵报仇时，正合吐蕃王的意愿，一来可以给唐朝一个人情，二来可以借机扩张领土，何乐而不为呢？

和印度临近的还有一个国家，名叫泥婆罗国，也就是现在的尼泊尔。那时候远比现在强大，是吐蕃国的属国，当王玄策提出借兵时，吐蕃国借兵一千二百兵精锐骑兵，泥婆罗国借兵七千。于是王玄策与副使蒋师仁便带领着这八千子弟兵返回中天竺报仇雪恨来了。要说那伏帝还真是个草包，举国之力竟然打不过王玄策这区区八千人，一番激战后，王玄策便擒获了阿罗那顺和其妃子、儿子，降城邑五百八十所。“斩首三千余级，赴水溺死者且万人”“虏男女万二千人，牛马三万余头匹”，王玄策高高兴兴押着俘虏回长安报捷去了。

**王玄策“小人物”办大事，但唐对印度没有领土野心**

王玄策虽然以一人之力，借兵灭了印度一个邦国，但这个历史上的“大事件”并没有引起唐朝足够的重视。王玄策只是因功被封为“朝散大夫”。朝散大夫是个什么官呢？从五品下，文官第十三阶，著名诗人白居易曾当过这个官，有诗“吾年五十加朝散，尔亦今年赐服章”为证。白居易年到半百才当了这么个官。可见这官职不大，所以史书也并没有为王玄策单独立传，王玄策青史留名，还是后来被挖掘出来的故事。

唐朝为什么没有重视这个重大事件呢？因为唐朝对于印度并没有领土野心，在西方，唐朝面对的近邻是吐蕃，离印度还远着呢。按照远交近攻的原则，唐朝对印度的政策，是亲和。因此，虽然王玄策击败了印度，但唐朝并没有改变与印度诸邦国亲近的国策。王玄策与中天竺的战争之后，唐朝很快恢复了与天竺诸国的关系，公元691年，东天竺王摩罗枝摩、西天竺王尸罗逸多、南天竺王遮娄其拔罗婆、北天竺王娄其那那、中天竺王地婆西那，一同到唐朝的首都长安入朝进贡。

王玄策的灭国之战对于吐蕃和泥婆罗国是大有好处的，最大的好处是领土扩张与势力范围的扩大。但吐蕃的强大，当时并没有影响到唐朝的霸权，所以唐朝也是睁一只眼闭一只眼过去了。唐朝除了宣扬了国威以外，并没有得到什么实际上的好处。实际上，吐蕃的强大对于唐朝有害无益，松赞干布去世后，吐蕃与唐朝由亲变敌，灭吐谷浑，侵入西域，与唐王朝争夺势力范围。这都是王玄策与中天竺之战引发的副作用。另一个副作用是，王玄策向唐太宗引进了中天竺的“老寿星”婆罗门那罗迩娑婆，那罗迩娑婆自称已经活了两百多岁，有长生不老之术，会炼制不死仙药，唐太宗晚年本就迷恋丹药，因此对那罗迩娑婆之言深信不疑，结果病重时将“仙丹”作为救命良药，吃完后却无效去世，享寿五十二岁。

# 武则天称帝后的两步棋：利用酷吏与庶族打击反武派

武则天是中国历史上唯一的正统女皇帝。在武则天之前或之后，亦有女人称帝，但都有名无实，属于自娱自乐的草台班子。武则天取得的成就，五千年来前无古人后无来者。许多人只看到武则天称帝的表面现象，以为武则天称帝顺顺当当，没有大臣抵制，乖乖服从她的统治，其实不然。武则天之所以统治几十年，其实经历了风风雨雨，没有强有力的政治手腕，是做不到的。

## 武则天即位前，做了大量的工作取得“拥武派”支持

武则天在即位前，已经积聚了大量的“拥武”资源。早在唐高宗欲立武则天为皇后时，朝廷中就分为两大阵营，一是反对武则天的，如长孙无忌、褚遂良、韩瑗、来济等元老；一是见风使舵支持武则天的，如李义府为首的中层朝廷干部，元老派李勣看似模棱两可，实则也成了拥武派。“拥武派”的形成，离不开唐高宗的支持，而唐高宗的支持，来自武则天高明的政治手腕。

首先，武则天妩媚漂亮，且十分聪慧，早在伺候唐太宗时，就已经

勾引得李治丢了魂。但唐高宗只看到了武则天这一面，却并没有看到她杀伐果断、残忍毒辣的一面。为了取得唐高宗的支持，打压后宫竞争对手，武则天不惜将自己的亲生女儿掐死，嫁祸于王皇后，使唐高宗误以为王皇后心如蛇蝎，废了王皇后，武则天顺利当上皇后。

武则天当上皇后，是她走上成功的第一步。为了巩固自己的势力，她虐杀宫中竞争对手王皇后与萧淑妃，罢黜或流放褚遂良、韩瑗、来济、长孙无忌等元老，至此，朝中“拥武派”势力占了上风。拥武派之所以得势，与唐高宗的公开支持分不开。唐高宗为什么要这样做呢？因为他初登大宝，急于形成忠于自己的势力，而父亲那一辈的元老派，骨子里是将他看作晚辈、后生的，皇权与相权有了权力上的矛盾。唐高宗是借题发挥，借“废王立武”重振皇权，他和武则天各取所需。所以，朝中大臣一旦拥武，必受唐高宗重赏；一旦反武，必受唐高宗责罚。这样一来，朝廷中层领导干部为了升官，必在利益驱使下，走上拥武的道路。

另外，武则天确实在执政上有她的高明之处，比如她上书唐高宗的“建言十二策”：“劝农桑，薄赋徭；给复三辅地；息兵，以道德化天下；南、北中尚禁浮巧；省功费力役；广言路、杜谗口；王公以降皆习《老子》；父在为母服齐衰三年……”等深得民心，为她在社会上积累了大量的民望。在武则天登基当皇帝时，侍御史傅游艺率关中百姓九百人、百官及帝室宗戚、百姓、四夷酋长、沙门、道士共六万余人上表支持。拥武派至此已占朝廷官员的绝大多数。少数不服者，只能韬光养晦。

### 反对武则天的势力一直存在，有的被消灭，有的在潜伏

当然，从武则天想当皇后那天起，就一直有反武派的存在。一直到武则天倒台，也是反武派看准了时机，由张柬之等人发动了“神龙革

命”，靠兵变和平推翻了武氏政权。武则天对付反武派的办法，根据不同的情况不同对待。

对付元老派，靠皇帝的力量罢黜或流放，如褚遂良、韩瑗、来济、长孙无忌等。而剪除这些势力，有时需要不择手段，最好的办法便是诬陷。拥武的许敬宗、李义府等充当了“诬陷打手”，中书令来济、门下侍中韩瑗及元老褚遂良、长孙无忌都被诬陷谋反，被罢黜流放，死于外地；宰相上官仪打算与皇帝商议废掉武氏皇后之位，结果被武后先发制人，利用唐高宗性格软弱的特点将上官仪满门抄斩；另一名元老李勣看情况不妙，见风使舵，在表明态度时说“此陛下家事，何必问外人”，对于坚持反武的人无异于反戈一击。

对于动用军事力量反抗者，坚决镇压，毫不留情。徐敬业、徐敬猷、唐之奇、杜求仁等举兵反武，武后派李孝逸领军三十万镇压，徐敬业等兵败自杀；博州刺史琅琊王李冲、豫州刺史越王李贞先后举兵反武，武后派丘神勣、魏崇裕率军镇压，李冲、李贞兵败身亡。个别藩镇势力的反抗，不足以对抗朝廷的大军，所以难免失败的命运。

武则天势力的强大，使一部分反武派不得不采取潜伏的手段，表面迎合武后，实则等待时机。表面上忠于武后的名相狄仁杰、张柬之等人，实际上是潜伏者。狄仁杰去世得早，成为武周朝的忠臣，实际上他也是忠于唐朝廷的，只不过不硬碰武后罢了。神龙革命时，这些潜伏者倾巢而出，宰相张柬之、崔玄暐与大臣敬晖、桓彦范、袁恕己实行兵变，逼迫武后退位，就是看准了时机。这时候，武后已经八十多岁了，身体多病，无力反抗了。

## 武则天利用酷吏与庶族，巧妙地解除了反武派的武装

武则天为了维护自己的统治，还采用了两个办法来壮大自己的力量。一是任用酷吏打压政治对手；二是重用庶族壮大自己的力量。最有名的酷吏，便是“请君入瓮”的周兴与来俊臣，还有索元礼、侯思止、王弘义等。武后重奖告密者，使民间告密成风，政治对手因为这一手段而被打压。比如安南王颖等宗室十二人被杀，故太子李贤二子被杀，韩王李元嘉、鲁王李灵夔、黄国公李撰、东莞郡公李融、常乐公主等自杀，至于他们的亲信，大多在被诛杀之列。当杀尽政治对手之后，武后又以妄杀之罪，将酷吏们卸磨杀驴，为自己争取一个明君的形象。比如来俊臣，就是被武氏诸王与太平公主反戈一击，被武后判处死刑。

武后采用的另一个办法，就是重用庶族。武后依靠科举，大力选拔庶族人才。贞观年间，进士科录取极为严格，每科“百中一二”，武则天扩大了进士的录取名额，并开创了“殿试”。史载武后朝“补阙连车载，拾遗平斗量，把推侍御史，腕脱校书郎”。庶族人才的选拔任用，挤压了士族门阀的势力。武后选拔的人才，当然忠于武后了，如此一来，武则天的势力一时之间超越了忠于李唐王室的势力，为其改朝换代积聚了人才力量。

另外，武后为笼络忠于李唐王室的力量，除了打压之外，也做了一些妥协。比如她承诺自己驾崩后，还位于儿子，而不是传位于侄子。这样就给忠于李唐王室的大臣们吃了定心丸，把希望寄托于武后驾崩后，再复李唐江山，不再硬碰硬地反对武后。实际情况也是这样。在武后年老多病之后，张柬之等人发动“神龙革命”，迫使武后兑现了先前自己的承诺。

作为女人中的“千古一帝”，武则天为了夺取权力，其政治手腕无疑是高明的，但也是残忍的。政治往往伴随着杀戮，杀戳的对象也包括自己的子女。武则天留下了一块“无字碑”，无字碑有多种说法，无法定论。她的所作所为，对于当时的史官而言，确实也无法可写，只能留给后人评说。

# 让大唐由盛转衰的节度使是如何一步步做大的?

从“犯强汉者，虽远必诛”的强汉，到万国来朝、皇帝被称“天可汗”的盛唐，终究也抵不过历史的滚滚车轮，迎来亡国的一天。强汉在夕阳西下时，汉献帝被“挟天子以令诸侯”，各路诸侯互相兼并终成“三国”；盛唐极衰时，藩镇割据视天子为无物，五代十国局面初成。汉时的州牧坐大，成为一方诸侯；唐时的节度使如脱缰的野马，权力失去节制。安禄山“安史之乱”看似偶然，但也是历史发展中的必然。这不是一朝一夕的结果，而是量变到质变的结局。

## 从汉朝的州牧到唐朝的节度使

实际上，唐朝的节度使与汉朝的州牧有许多相似之处。汉朝的州牧由刺史而来，刺史的“刺”，是检核问事之意，说白了就是中央派出的特别巡视员，负责监察用的。监察就是“挑刺”，类似于戏台上的八府巡按。到了汉成帝时，刺史的职权范围扩大了，改称州牧，不只是监察那么简单了，朝廷赋予其军事、行政大权，成为地方军事行政长官了。汉朝实行“州郡县”三级管理，州是很大的，三国时期的益州牧、荆州牧、徐州牧等，相当于现在的省，甚至比省还大。

《三国演义》里十八路诸侯讨董卓时，这些诸侯其实就是各州的州牧乃至几个州的州牧。袁绍不就是占据四州之地吗？刘备之所以成为三国皇帝之一，原因之一就是占着益州，但地理范围却并不只是占着四川，云、贵、川乃至越南北部、缅甸一部分，都是蜀汉势力范围。

唐朝的节度使制度与汉朝的州牧异曲同工。“节”是旌节的意思，节度使最早的原始概念，就是某官员持朝廷的旌节出使四方，完成某一项重大任务，完成后交还旌节。苏武牧羊，就是汉朝派苏武持节出使匈奴；张骞出塞，也是张骞受朝廷之命持节通西域。早在魏晋之时，就有持节都督，皇帝赐予某元帅使节，持皇帝的旌节可以节制调度一方兵马，完成任务后收回旌节，这应该是最早的节度使雏形，其本身是一个“临时军职”，不具备长久性。

唐朝第一个节度使，是薛仁贵的大儿子薛讷。也就是历史演义中赫赫有名的薛丁山。历史上是没有薛丁山这个人的，薛丁山的原型便是薛仁贵的长子薛讷。当时唐睿宗以幽州镇守经略节度大使薛讷为左武卫大将军兼幽州都督，这是历史上第一次出现节度使及其名字。但朝廷任命的第一个节度使，并不是薛讷，而是贺拔延嗣。他于景云二年被朝廷任命为凉州都督充河西节度使，统辖凉州、甘州、肃州、瓜州、沙州、伊州、西州等七州，因此贺拔延嗣是中国历史上的第一位节度使。

按现在的话说，节度使相当于军区书记兼司令员，贺拔延嗣之所以成为历史上第一位节度使，主要是为了断隔突厥和吐蕃，史载节度使“得以军事专杀，行则建节府，树六纛，外任之重莫比焉”，到唐玄宗时，朝廷已经有了十大节度使：河西节度使、范阳节度使、陇右节度使、剑南节度使、安西节度使、朔方节度使、河东节度使、北庭节度使、平卢节度使、岭南经略使，安禄山之所以叛唐，客观上是因为他兼任范阳、平卢、河东节度使，拥有了与朝廷分庭抗礼的实力。

## 节度使由“有节制”到“无节制”

唐朝的节度使，一开始对于开疆拓土、稳固边疆是有积极作用的。唐朝之所以设节度使，一是开疆拓土的需要，二是强敌环伺不得不防范的需要。

唐朝虽然是万国来朝的大国，但东北有契丹、奚族，北方有突厥、回纥，西北有大小勃律、西域、西亚诸国，西方有吐蕃，西南有南诏，这些国家在唐朝强盛时甘为属国，年年进贡，岁岁来朝，但一旦唐朝国力衰退，就会变成吃人的虎狼，对唐朝的国家安全造成严重威胁。唐朝设立节度使，主要就是针对边境国家做出的防范决策。

朝廷为了防范节度使像汉朝的州牧一样坐大，对朝廷造成威胁，其实一开始也采取了措施，“自唐兴以来，边帅皆用忠厚名臣，不久任，不遥领，不兼统，功名著者往往入为宰相”。

一是“边帅皆用忠厚名臣”。任用节度使朝廷是有考核的，最有名的节度使王忠嗣，其军事实力和统兵本领，远远超过了安禄山，但他忠于朝廷，成为节度使“忠厚名臣”的榜样。

二是“不久任”。朝廷不让一方节度使当任的时间长了，以防落地生根。

三是“不遥领”。因为遥领容易形成朝廷大员与边将内外勾结。

四是“不兼统”。因为兼统容易坐大，后来的安禄山就是兼领的节度使多了，兼任三镇节度使，致使朝廷失去了控制。

五是“功名著者入为宰相”。使节度使“升官”进入朝廷，其实也是一种防范措施。

如果这五项防范措施执行到位，完全可以使节度使最大限度发挥巩固边防作用，而又不对朝廷造成危害。

但事情发展的结果，是“有法不依”。边帅皆用忠厚名臣这一条首先就被破了，皇帝看走了眼，安禄山、史思明这样的人，岂是忠厚名臣，笑里藏刀差不多；“不遥领”也被破坏了，皇子以及宰相萧嵩等率先“遥领”了节度使，皇室领导层自己先坏了规矩；“不兼统”也被破坏了，第一个兼统的大将叫盖嘉运，被唐玄宗封为河西、陇右节度使，名将王忠嗣配四将印，兼统河西、陇右、朔方、河东四镇节度使，安禄山也是，兼统范阳、平卢、河东节度使。最大的症结在于“不久任”也被破坏了，安禄山当节度使竟然长达二十年，在当地具有崇高的威望，甚至到了将士只听军令不听皇命的地步。没等到皇帝给安禄山“升官”为相夺其兵权，他就率先造了反，“安史之乱”成为唐朝由盛转衰的转折点。

### 节度使化身诸侯，是朝廷自酿的苦果

唐朝的节度使，由暂时的军职而成为一方军政大员，由一方军政大员到与朝廷分庭抗礼，有一个演变的过程。唐朝之所以对节度使失去控制，是自酿的苦果。

其一，朝廷直接拥有的部队，养尊处优，久疏战阵，而长年生活在边境的节度使军队则锻炼成了有丰富作战经验的“铁军”，在军队质量上，中央不如地方。

其二，本来在军队数量上，中央军队相比一方节度使是占据压倒优势的，但如果节度使兼统三镇、四镇节度使，拥有几十万人马，中央军队就不再占有优势，一旦造反，只能用效忠朝廷的节度使反制叛乱的节度使。

其三，权力制衡失效，本来朝廷安置“采访使”制衡节度使，分散节度使的权力。但后来节度使被赋予可以兼任采访史，掌握了当地的军事大权、行政大权与经济大权，特别是由府兵制改为募兵制后，节度使可以自由募兵，自行筹集军粮，于是节度使演变成了一方诸侯，唐朝后期成了不像大一统的王朝，而更像春秋战国时期的局面，唐朝皇帝成了“周天子”，各方节度使成为战国群雄，是“尊王攘夷”还是推翻“唐天子”，只在节度使的一念之间。这就很危险了！

黄巢起义之后，唐朝廷已基本上失去了对藩镇节度使控制的能力，皇帝成为摆设，其地位甚至不如汉朝的汉献帝。汉献帝还有被曹操利用的价值，曹操还可以“挟天子以令诸侯”，但唐朝的节度使已成为一方诸侯，完全不把唐天子放在眼里，后来的“五代”与“十国”，实际上是唐朝的节度使们各自为政的结果。

也正是因为节度使们的无限权力对朝廷造成威胁，才促使北宋的赵匡胤采取“重文轻武”的国策，杯酒释兵权，实际上就是赵匡胤以防节度使坐大的和平解决的结果。

# 上官婉儿：一代传奇女宰相

在武周王朝与大唐中宗两朝之中，有一位传奇的女子，她才思敏捷，占据文坛高位，称量天下之士；她美丽端庄，获得三位太子垂涎，并最终封为昭容；她长期执管“制诰”，为皇帝起草文书，有“巾帼宰相”之誉；她风流倜傥，周旋于几个帅哥之间，追求自己的“性福”；她在复杂多变的政治洪流中试图保存自己，却最终因为立场不坚定、左右摇摆而惨遭杀害。她就是上官婉儿，在她短短的四十六年的生涯中，导演和主演了一幕幕惊心动魄的传奇故事。

## 身为奴婢，靠奇才上位，终成“巾帼宰相”

上官婉儿是官宦世家，也是罪臣之后。说她是官宦世家，是因为她的高祖是北周的幽州太守，她的曾祖是隋朝的江都宫福监，她的祖父是唐朝的名相上官仪，她的父亲是周王李显附属、秦州大都督；说她是罪臣之后，是因为她的祖父与父亲被诬有谋反大罪而被处死。于是，上官婉儿尚在襁褓之中，便有了奴婢的身份，随母亲在宫中服役。

上官婉儿的命运，与一代女皇武则天紧紧连在一起。当年上官婉儿的祖父上官仪身为唐朝宰相，为唐高宗李治起草废后诏书，因而得罪了权位至高无上的武则天。正是武则天，诬蔑婉儿的祖父与父亲犯了谋反大罪，判其死刑的。也就是说，武则天与上官婉儿有杀父之仇，不共戴天。然而，上官婉儿又不得不在宫中服侍武则天，看武则天的眼色行事。天意弄人的是，因为婉儿天资聪颖，卓有文才，下笔成章，竟然被伯乐武则天发现，不但废除了婉儿的奴婢身份，还重用她掌管至关重要的制诰，上官婉儿因此获得“巾帼宰相”之名。

上官婉儿得到了两朝恩宠。在武则天执政期间，她受命处理百司奏表，参与政务决策，深得武则天的信任。武则天从来没有把婉儿当作仇人，反而把她当作心腹。而上官婉儿也早就没了替父报仇之心，一心只想着八面玲珑依附权贵在政治上游走。

令人称奇的是，武则天被赶下台后，中宗李显继位，上官婉儿不但没有受武则天牵连，反而再一次被中宗李显重用与信任，被封为昭容，成为妃嫔，还继续参与政务，执掌制诰。从十四岁被武则天发现人才难得，到四十六岁被李隆基斩杀，上官婉儿以一女儿之身，竟然驰骋政坛达三十二年之久。她在初生之时，相面之士说她可“称量天下士”，果然她在位高权重之时，可以品评天下诗文，宫廷举行诗会的时候，上官婉儿便是首席考评官，就连宋之问、沈佺期这样的大诗人也会接受她的考评，并且对她的考评心服口服，可见上官婉儿的学问之高。

### 风流倜傥，靠色艺双绝，吸引帅哥追求

自古美女配英雄，英雄爱美女。上官婉儿是美女中的美女，兼具如此才情，自然吸引众多帅哥的注意。当然，她长期生活在宫廷之中，这些帅哥自然都是宫廷中人。婉儿风华绝代，亦喜风流，当她吟出“势如连璧友，心似臭兰人”的佳句时，竟然同时迷倒了三位皇子。李显、李旦、李

贤三位皇子同时爱上了上官婉儿。而最为色胆包天的是后来的唐中宗李显。

李显与上官婉儿的私通发生在唐高宗驾崩之时。上官婉儿的故事，和武则天的故事如出一辙。武则天就是在唐太宗李世民病重时，与探病的唐高宗李治发生私情的。李治继位后不顾一切娶了武则天，而李显继位后也不负前盟，加封上官婉儿为昭容。

不过，上官婉儿并没有对李显“从一而终”。唐朝是中国古代最为开放的朝代，包括性开放。武后的侄子武三思，深受武则天器重，权倾朝野，加之仪表不凡，上官婉儿一来看上了武三思的相貌，二来为了攀附权贵，竟然与武三思私通。武三思也很喜欢上官婉儿，二人一拍即合，背着李显勾搭成奸。

上官婉儿是执管制诰的官员，经常利用手中的权力“推崇武氏而排抑皇家”，替情夫武三思说话，这气坏了太子李重俊。有一天，李重俊突然发难，率兵诛杀了武三思、武崇训及其亲党十余人，上官婉儿因为机智投靠李显、韦后和安乐公主而幸免。

武三思死后，上官婉儿风流不改，又看上了另一位大才子兼大帅哥吏部侍郎崔湜，崔湜也相中了上官婉儿的文才容貌及权势，成为上官婉儿的情郎。崔湜这人倒不自私，将自己三兄弟崔莅、崔液、崔涤都引荐给上官婉儿。这三位皆是眉清目秀的超级大帅哥，上官婉儿自然喜欢得不得了，一个美人坐中间，四个少年围四边，饮酒吟诗，好不快活。因为得到上官婉儿的喜爱，崔湜竟几度拜为宰相，即便有罪时也靠上官婉儿的周旋而幸免。

### 政坛多变，她左右摇摆，忠心难免死刑

上官婉儿本是罪身，却靠自己的美貌与才情在武周王朝和唐中宗王

朝长期参与朝政，决定政坛走向。然而，她只是一个弱女子，她的生存之道，只是依附权贵罢了。所以，见风使舵，八面玲珑便成为上官婉儿的专长。

在武后王朝时，她舍弃了报仇之念，依附于武则天，深受武则天的信任，甚至武则天与面首交欢时，也不避讳她；武三思权重时，她靠色艺将武三思收归石榴裙下；韦后当权时，她又极力地巴结韦后与安乐公主；当她看出韦后的手腕远远不及武则天时，又暗地里联合太平公主对付韦后。总之，在上官婉儿的世界里，是不存在正义与原则的，她是典型的墙头草，随风倒。至于刮什么风，全凭个人的政治经验及敏锐的判断。

但上官婉儿的这一套，遇到唐玄宗李隆基时便戛然而止。

太平公主与临淄王李隆基铲除韦氏集团时，上官婉儿实际上是站在李隆基与太平公主一边的，她执烛率宫人迎接，并把她与太平公主所拟遗诏拿给李隆基，以证明自己心向李唐宗室，但李隆基不顾上官婉儿的辩解与大臣的求情，坚持处死了上官婉儿。

在政治洪流与文学才情间游走的传奇女宰相就这样死了。她死后并没有博得后世多少同情，但她的诗歌与传奇故事，却永远地留在历史的记忆里……

# 仆固怀恩：从功臣到叛将的错误人生

在唐朝的历史上，有一位外族将领对于唐朝的中兴起到了至关重要的作用。他忠于唐朝，骁勇善战，功高封王；他杀子立威，铁面无私，众军钦敬；他远嫁二女，为国和亲，居功至伟；他为平定安史之乱，全家牺牲四十六人，满门忠烈；他与郭子仪、李光弼等名将共列凌烟阁功臣榜，受到后世永远纪念。然而，这位忠心耿耿，为了唐朝肝脑涂地的大唐功臣，却最后被太监陷害被逼造反，其事迹被列入《叛臣传》，令人万分惋惜。

他就是仆固怀恩。

## 战无不胜的将军，胸怀大局的副帅

仆固怀恩，复姓仆固，是铁勒族仆骨部人。“仆骨”亦有史家译为“仆固”。铁勒又称为狄历、丁零、敕勒、高车，唐太宗贞观二十年（646年），名将李绩灭亡薛延陀汗国，铁勒九姓率部降唐朝。这九部为回纥、仆固、浑、拔野古、同罗、思结、契苾、拔悉密、葛逻禄，仆固怀恩是仆骨部的领袖，世袭金微都督。

唐朝玄宗期间，安史之乱爆发，国家陷入动乱之中，仆固怀恩虽然是少数民族，但没有跟随安禄山、史思明叛乱，而是站在了唐朝的朝廷一方，于是，他得以官封朔方左武锋使，在朔方节度使郭子仪部下效命，兼配合李光弼共同抗敌。仆固怀恩武艺高强，骁勇善战，是一线部队的指挥者，他的儿子也很厉害，叛军望风而逃。郭子仪能取得那么大成功，仆固怀恩功不可没。

当郭子仪、李光弼因为功高被猜忌时，仆固怀恩继之成为广平王、天下兵马大元帅李豫的副帅。实际上他就是前线上的大元帅，李豫因为是皇族，只是挂个名而已。仆固怀恩不负众望，叛将高秀岩、薛忠义、史思明、史朝义、安守忠、李归仁等部都败于他手；为立军威，他在军前下令杀死了假降叛军归来的亲生儿子仆固玢；为借回纥兵杀敌，他亲自将两个女儿以唐朝公主的身份送给回纥可汗为妻，终于借回纥之手从叛军手里收回长安、洛阳。安史之乱八年之中，仆固怀恩全家四十六人死于国事，其满门忠烈的事迹感天动地，丝毫不逊色于后世传说中的杨家将。

因为功高，仆固怀恩从郭子仪的部将升职为尚书左仆射兼中书令、河北副元帅、朔方节度使、加太子少师衔，实封一千一百户、大宁郡王，凌烟阁功臣榜上，唐代宗李豫第一个把仆固怀恩的画像请进去。仆固怀恩成为武将中的佼佼者。

### 被逼造反的将军，被母亲追杀的叛将

然而，功高震主，同时也会引起其他将军的嫉妒。因为亲生女儿的和亲，也会时时有“通敌”之嫌。安史之乱平定后，郭子仪、李光弼等老上级先后被明升暗降，削夺兵权，乃至李光弼不敢入朝见驾，在军中威严尽失，忧郁成疾而死。为什么骁勇善战的李光弼将军以这样的方式

死去呢？这是因为，经过了安史之乱的李唐王室再也无法信任武将，在李唐皇帝看来，战功越是显赫的将领，危险越大，他们觉得，还是身边的宦官更加值得信任，因此，李唐王室大肆重用宦官，用以监督领兵将领，君臣裂痕越来越大。在平定“安史之乱”的过程中，李唐王室便重用宦官用以监视统兵将领，这也是导致平乱战争进展不顺的重要原因之一。李光弼如此，仆固怀恩同样如此。虽然他为国牺牲了家族上下四十六人，但还是无法取得皇帝的信任。

史朝义是仆固怀恩的手下败将，为了挽救败局，他游说回纥登里可汗叛唐，这个登里可汗，也就是仆固怀恩的女婿，他竟然亲率十万大军威逼关中。唐代宗派仆固怀恩去劝说女婿，为解除嫌疑赐了仆固怀恩免死铁券，仆固怀恩奉旨前往，成功说服登里可汗助唐反叛，“可汗大悦，遂请和，助讨朝义”，可以说，仆固怀恩不但武功了得，三寸不烂之舌比苏秦、张仪、诸葛亮也不在话下，为唐朝又立下大功。

然而，就在战败史朝义、仆固怀恩送女婿回漠北时，谣言产生了。传谣者言之凿凿，说仆固怀恩通敌叛国。回纥刚刚助唐击败了史朝义叛军，怎么会是敌人呢？仆固怀恩是奉旨游说回纥，怎么就变成通敌了呢？然而，三人成虎，另一名平叛有功的大将辛云京，皇帝最信任的监军太监骆奉先，助李光弼收复怀州、功居第一的名将李抱玉，主管内侍省、统率神策军的大太监鱼朝恩都说仆固怀恩勾结外敌。皇帝派遣宰相裴遵庆慰问，裴遵庆让仆固怀恩上朝向皇帝自辩。然而，李光弼被气死了，另一名平叛将军来瑱被杀死了，其他节度使被贬被害的很多，仆固怀恩的部将提醒仆固怀恩京城乃“不测之地”，成了龙潭虎穴，致使仆固怀恩不敢轻易进京。他越不敢，皇帝越怀疑叛敌是实，一怒之下杀了仆固怀恩在京的儿子。仆固怀恩大怒，率兵二十万果真反了唐。

仆固怀恩反唐，他的母亲是不同意的，提刀欲杀子以表忠心，“吾为国家杀此贼，取其心以谢三军”。仆固怀恩就是在这种矛盾的心理下，愤恨交加，病死在反唐的途中。他死后，他的侄子率兵又复归大唐，这个所谓的“叛乱”被郭子仪轻易平定。

仆固怀恩被构陷，有几大原因。

一是其他将领的嫉妒，比如辛云京、李抱玉；他们也是一方节度使，但对仆固怀恩的大功难免羡慕嫉妒恨，故造谣传谣，推波助澜。将领之间的矛盾是仆固怀恩冤死的原因之一。气得仆固怀恩命令他的儿子亲自率军攻击辛云京所部；

二是皇帝的猜疑，唐朝的安史之乱，将皇帝吓着了。那么信任的安禄山，竟然率军造反，皇帝还能相信哪方节度使呢？所以，一有风吹草动，皇帝就会龙眼无情，不管是真是假，杀之以绝后患。

再有一重心理是，唐朝的藩镇割据是非常厉害的，朋党之争、太监专权、藩镇割据是唐朝的三大毒瘤。派太监监军，本身就是对武将不信任的表现。而太监抱着阴暗的心理，鸡蛋里挑骨头，很难说不是皇帝的主意。

仆固怀恩被逼造反，明里大太监骆奉先是罪魁祸首，实际上唐代宗李豫也难辞其咎。仆固怀恩一家牺牲了四十六人，又曾跟随你当副帅立下那么大功劳，还有比你更了解他的忠贞的吗？所以，仆固怀恩死后，皇帝又恢复了他的凌烟阁功臣荣誉，并说“怀恩不反，为左右所误耳”。这就把责任推到了仆固怀恩的部将身上。

# 张巡：一介书生为何杀人如麻？

在中国的历史上，有一位毁誉参半的人物，有人说他是大唐功臣，孤独英雄；有人说他是吃人恶魔，不可理喻；他只是一名书生，却指挥几千人歼敌十几万；他亲手杀了自己的小妾，只为部下们有口饭吃能上阵杀敌；他从容就义谈笑风生，连残暴的敌人都尊重他。风雨飘摇的大唐帝国，因为他而重生。他就是张巡，生前只是七品芝麻官真源县令，身后却被追赠为扬州大都督、邓国公。

## 吃人三万，抗敌两年存唐祚

唐玄宗时期的安史之乱，是唐由盛而衰的转折，安禄山起兵之后，大军所经过的州县，都望风瓦解，叛军一月有余便攻破了洛阳，安禄山也在洛阳称大燕皇帝。半年后，叛军攻破潼关，大唐皇帝，“太平天子”李隆基不得不狼狈南逃，安史之乱进入最高峰。自起兵以来，叛军势如破竹，直到遇到了张巡，才碰到了硬钉子。

张巡死守睢阳之前，实际上已经抗敌一年多了。他只是真源县令，一个七品芝麻官，然而，他的“领导”谯郡太守杨万石是个软骨头，投降了叛军。作为张巡的直接上司，杨万石劝张巡随他投降，张巡拒绝了。此时，同属谯郡的雍丘县令令狐潮也投降了叛军，张巡与单父尉贾贲愤然率兵抵抗，率兵从叛军手里夺回了雍丘，从而展开了两年艰苦卓绝的守城之战。从坚守雍丘，到转战宁陵，到最后死守睢阳，战役之残酷令人难以想象，张巡最后不是败于对敌作战的战术上，而是败于没有粮食吃上。到了最后，连天上的飞鸟，洞里的老鼠，树皮乃至皮带都吃光了；无奈之下，张巡杀了自己的小妾给士兵们充饥，杀戮从此拉开了序幕。令人惊异的是，城中的妇孺老弱甘愿赴死，即便被杀、被食而无反意，史载“所食人口二三万，人心终不离变”。

六万余人的小小睢阳城，竟然让张巡以三千兵马，在内无粮草、外无救兵的情况下，死守达十月之久，最后城破之日，城内只剩下了四百余人。张巡历经大小四百余战，斩贼将数百名，贼兵数万之多。睢阳坚守战延缓了叛军前进的进程，使郭子仪等名将得以整军备马，睢阳失守三天即被收复。

**两年坚守，兵法发挥到极致**

有人问，老百姓为什么不反了张巡这个“食人恶魔”呢？客观上，其一，老百姓也已经饿得不能动了，处于奄奄一息的状态；其二，城破也是死，叛军的残暴更甚。主观上，张巡还是一个善做思想工作的优秀指挥员，护国护家思想深入人心。不但城中百姓宁可被食而不降，就连城外的叛军，也有二百余人被张巡说动反正，投降了内无粮草、外无救兵的张巡，替张巡守睢阳。张巡的人格魅力，可见一斑。

张巡可不是只会纸上谈兵的赵括、马谡，他虽然是一介书生，大唐的进士，之前从未扛过枪、打过仗，但他却是一名天才的军事家。

从张巡身上，我们可以看到古代的文人胸中确实是有百万雄兵的。没有粮，张巡利用声东击西之计，抢夺叛军的粮草；没有箭，张巡用草人借箭的计谋，向叛军“借”了十万支箭；没有马，张巡用诈降之计，向叛军“骗”取了三十匹良马、几百头牛；张巡用于守城的粮草军械，竟然有很大一部分，都是从敌人那里用计取来的。张巡并不是仅仅死守，而是善于抓住时机以攻为守，常常出其不意，杀出城去给敌人以巨大杀伤。两年时间里，张巡率几千唐兵，与十几万叛军进行了防御战、伏击战、夜袭战、反击战、追击战等，使用了“火烧叛军、草人取箭、出城取木、诈降借马、鸣鼓扰敌、城壕设伏、削蒿为箭、火烧蹬道”等计谋，最后使敌人败得心服口服外加佩服，只能用围困之法。张巡在粮食吃尽、连人也吃的差不多的前提下，方才承认“孤城防卫之计已穷尽”，城陷之后被俘就义。

**英勇就义，虽死九泉亦鬼雄**

可以说，张巡是再造大唐的第一英雄。都说郭子仪再造大唐，其实没有张巡死守睢阳，就没有后来的郭子仪的光荣历史！

张巡是个硬骨头，被俘之后只求一死殉国，并立下了“臣活着不能报答陛下，死也一定变成鬼来杀贼”的誓言。张巡的节义连敌人都感动、佩服，甚至叛将尹子琦想释放了他，被其他人制止才杀了张巡，以全他的节义。

张巡不但自己死节，临死之前还劝其他同时被俘的守城将士死节。敌人劝降之时，同他一起守城的名将南霁云没有应声，张巡唯恐南霁云坏了名节，对南霁云呼喊：“南八，男儿一死而已，不能向不义的人投降。”南霁云在临死关头，竟然与张巡开起了玩笑：“您是了解我的，怎么敢不死。”此等视死如归的崇高境界，有类天神，让人肃然起敬。与张巡同死的，包括南霁云、姚门言、雷万春等三十六人，这不禁让笔者怀疑，他们是不是三十六天罡下凡，因为这可比梁山好汉们英勇多了！

生当作人杰，死亦为鬼雄，那些污蔑张巡为“食人恶魔”的人，岂能理解英雄的崇高境界？

千古张巡，张巡千古！

# 永贞革新：最早的“百日维新”

在中国历史上，有两场“百日革新”比较有名。大家最熟悉的，是戊戌变法，该变法虽然失败了，但成就了康有为、梁启超、谭嗣同等人，光绪皇帝也因“戊戌变法”名垂千古。但比戊戌变法更早一千多年的唐朝，还有一场“百日革新”，主角是另一位皇帝唐顺宗李诵，执行者为历史上的“二王八司马”。这“二王八司马”中最为大家熟悉的，是大文学家柳宗元和大诗人刘禹锡，史称“永贞革新”，又称“二王八司马事件”。不过，这个“百日革新”结局更惨，改革者或被赐死，或遭贬谪，就连皇帝也被赶下台了。

## 主导改革的皇帝“心有余而力不足”

唐顺宗李诵，和清朝的皇帝光绪一样，是一个改革皇帝。但这个皇帝，却是一个短命的皇帝，一共只当了八个月的皇帝，就被迫退位了。李诵改革的原因，是他当了二十六年志向难伸的太子。在当太子期间，他亲身经历了藩镇叛乱，并身先士卒参与了平叛，也耳闻目睹了朝廷大臣的相互倾轧与攻讦，深知唐朝自安史之乱以来的弊端。早在当太子期间，他就组织了以王伾、王叔文为核心的政治集团，成员有韦执谊、韩泰、韩晔、程异、陈谏、陆质、吕温、李景俭、房启、柳宗元、刘禹锡等。这些人志同道合，有改革吏治之志，而时任太子、将来必然当皇帝的李诵就是他们改革的后台。

然而，李诵当太子的时间实在太长了，长得他有些忧郁。志向得不到伸展，而且有前朝教训，当太子是诚惶诚恐、如履薄冰的，不知什么时候办错了事，太子就有被废的危险。李诵还未登上皇位时，突然有一天就中了风，失去了言语功能。这把他的老爸唐德宗李适可急得够呛，因为这时候李适的身体健康也出了状况，病重期间，李诵因为同时生了病不能去探望他。但唐德宗在病危期间仍然传位于李诵。因为李诵当时的身体状况不佳，是否传位于他还形成不同的意见，虽然最后李诵当了皇帝，但这也给他本来就病重的身体再添阴影。

李诵虽然是在身体中风的情况下当的皇帝，但这并没有阻挡他改革的决心，他继位后立即重用王伾、王叔文等人进行改革，而“二王刘柳”（王叔文、王伾、刘禹锡、柳宗元）等改革派也堪称大刀阔斧，然而，改革哪有那么顺利，当改革派触动到了宦官与藩镇们的实际利益，就遭到了他们的疯狂反扑。因为病体的原因，李诵干着急而没有力量反击。而他所依赖的改革派核心人员王叔文因老母病逝回家奔丧，王伾和他一样也中了风。其他中下级人员颇有“树倒猢狲散”的感觉，使改革仅仅经历了一百余天就归于失败。失败后的李诵被迫“内禅”给了儿子李纯，第二年就急火攻心驾崩了。“身体是革命的本钱”，在李诵身上再一次验证了这一条真理。

**主导改革的大臣是文人班子，结果是“秀才遇到兵”**

没有哪一场改革是不经历“血”与“火”的洗礼而能够成功的。因为实行革命不可避免地就会触动一些人的利益。“永贞革新”的主导力量，除了“哑巴皇帝”李诵外，绝大多数成员都是文人。王伾官封左散骑常侍、银青光禄大夫、散骑常侍、翰林学士、上柱国、富阳县开国男，王叔文是翰林待诏兼度支使、盐铁转运使，柳宗元是监察御史、礼部员外郎，刘禹锡也是监察御史，其他改革派人员都是中层人员，并非朝廷高官，也非一方大员。与掌握内宫大权的宦官力量和掌握各地兵权的节度使藩镇力量比起来，文人集团嘴上可能强硬，口号喊得山响，但动起粗来，如同秀才遇到兵，不是宦官集团与藩镇集团的对手。

说实话，“永贞革新”是有利于国家利益与人民利益的。但改革进入深水区，会触动利益集团的切身利益，到底谁能够胜利，就是个未知数了。比如，惩贪鄙、明赏罚、用贤能、免苛征、除弊害、恤百姓，“市里欢呼”“人情大悦”；白居易有首诗《卖炭翁》，说的是“宫市”之恶，改革派把这一恶行革除了；京兆尹道王李实残暴掊敛，改革派把其贬为通州长史。但当改革派欲收节度使们的兵权时，军阀们就不干了。不但收不回来，还要求增强 / 扩大其权力。

剑南西川节度使韦皋扬言，“若与某三川，当以死相助；若不与，亦当有以相酬”，就这样赤裸裸地威胁朝廷；当改革派们欲减除宦官们的权力时，宦官们也不是吃素的，与禁军将领密谋不交军权，认为“从其谋，吾属必死其手”。所以，以“二王八司马”为首的改革班子虽然初期取得一定成果，但当真的采取措施抑制宦官们的权力与藩镇割据势力的权力时，却遭到了猛烈的反扑。在宦官集团与藩镇集团的强烈反扑下，皇帝竟然被强逼“内禅”为太上皇，“二王八司马”有的赐死，有的被贬，短短一百多天，改革就失败了。

## 改革虽失败，却成就了几位大诗人

永贞改革失败的原因很多，政令不通是另一大主要原因。需要向皇帝请求一件事，要经五道手，一经韦执谊，二经王叔文，三经王伾，四经李忠言，五经牛昭容，最后经牛昭容的手转达给唐顺宗。唐顺宗下达圣旨亦然。其中最重要的两道手，一是宦官李忠言，二是皇帝宠爱的妃子牛昭容。而改革派之间也会发生争权夺利、公报私仇的事。

改革失败后，改革派们都被贬为了“司马”，王伾被贬为开州司马，王叔文被贬为渝州司马，韦执谊被贬为崖州司马，刘禹锡为朗州司马、柳宗元为永州司马、韩泰为虔州司马、韩晔为饶州司马、程异为郴州司马、凌准为连州司马、陈谏为台州司马，“司马”是一个闲差，说是官员，实际上是被监视对象。这些文人，被贬后觉得壮志难伸，郁闷是有的，王伾不久后便病死了，而王叔文撑到了第二年，便被朝廷赐死。

永贞改革的失败是非常彻底的，皇帝都被废了，还开创了一个恶例，每个皇帝都把自己任用的人当作“私人”，而下一任皇帝对上一任的“私人”不管功劳多大，是奸臣还是忠臣，一律罢免，重新起用自己的人。永贞革新虽然失败了，但政治上的失败却成就了文坛上的几位大诗人，最有名的便是柳宗元与刘禹锡。

柳宗元与刘禹锡这二位是永贞革新的核心人物，因为被贬，二人诗情如涌，柳宗元把“今朝不用临河别，垂泪千行便濯缨”送给了同是天涯沦落人的刘禹锡。柳宗元和刘禹锡的很大一部分精品文章，便是在被贬为司马时所写，柳宗元后来成为“唐宋八大家”之一，而刘禹锡则被白居易称为“诗豪”。同一个时代的大文豪韩愈对柳宗元和刘禹锡评价非常高，称“同官尽才俊，偏善刘和柳”。

# 宦官乱世，皇帝命如草：成为傀儡或者被杀

提起宦官，也就是太监，人们最熟悉的莫过于秦朝“指鹿为马”的赵高、汉末的“十常侍”、明朝的魏忠贤、清朝的李莲英等著名太监。其实，人们不知道的是，唐朝的宦官更厉害，唐朝中晚期的太监，甚至能决定皇位、左右政局，有的皇帝还死在太监手上，上演了一幕幕宫廷悲歌。

## 唐朝宦官干政，高力士起了个坏头

提起唐朝干政的太监，第一位是从高力士开始的。高力士可是名人之后，他本不姓高，而姓冯，名叫冯元一。高力士是广东人，著名的巾帼英雄“岭南圣母”冼夫人第六代孙，其父冯君衡是潘州刺史，后被诬陷谋反。高力士虽逃过死劫，但小小年纪却被阉割，成了太监。高力士从小被送入宫中，最早是受到武则天赏识的。因为被宦官高延福收养，故改姓高，因为高延福的关系，高力士与武三思关系密切。

高力士真正的发达，是在唐玄宗时期，因为高力士近身侍奉李隆基，取得了李隆基的高度信任，而且人又机灵，能办事，能立功。所以他不只是太监，还被李隆基封为朝廷官员。比如太子太保、朝散大夫、内给事官、银青光禄大夫、内侍省同正员、右监门卫将军、冠军大将军、

右监门卫大将军，累官至骠骑大将军、开府仪同三司、齐国公。李隆基对高力士信任到什么程度呢？他说：“力士应承于前，我歇息则安稳。”四方表彰，都是先通过高力士。小事高力士就做主了，大事呈报皇帝，因此四方官员都巴结高力士，就连一些官员的升迁，也都是通过高力士。所以高力士在玄宗朝，是权倾朝野的。不过，高力士虽然掌握了朝廷大权，他却是忠于李隆基的。李隆基驾崩，高力士难过之至，吐血而死。

高力士之后，第二个权倾朝野的宦官，是李隆基儿子唐肃宗李亨及唐代宗李豫当朝时的李辅国。李辅国一直侍奉太子李亨，直到四十岁也没有什么成就，这是因为唐玄宗活得太久了，被高力士遮住了光辉。唐玄宗与高力士死后，肃宗继位，长期服侍李亨、得到李亨信任的李辅国上位，被李亨先后加封为元帅府行军司马、开府仪同三司、郕国公。一时，李辅国大权在握。

李辅国干政，与高力士不同。高力士虽然权大，但毕竟忠于皇帝，李辅国掌握了权势，是连皇帝与众大臣也不放在眼里的。他成立了“察事厅子”，相当于明朝的锦衣卫、东厂、西厂，监视朝廷官员所为，他逼迫太上皇唐玄宗流放高力士，把唐肃宗玩弄于股掌之中，就连节度使的委派也出自他手。唐代宗李豫是他拥立的，他竟然对唐代宗说：“大家（皇帝的俗称）但内里坐，外事听老奴处置。”唐代宗称李辅国为“尚父”，加封他为司空兼中书令、博陆郡王，使他成为唐代第一个封王拜相的宦官，暗中却派人夺其军权并刺杀了他。所以，李辅国是唐朝第一个权倾朝野、死于非命的大太监。

## 皇帝对宦官且防又重用，尾大不掉，专权局面成形

李辅国拥立了唐代宗，又被唐代宗所杀。唐代宗的儿子唐德宗李适

接受父皇教训，前期不再信任太监，还赐死了有异志的太监刘忠翼。但经过“泾师之变”后，太监们有救驾之功，李适转变了对太监的态度，转而信任太监，任命太监窦文场、霍仙鸣为监神策军左、右厢兵马使，开启宦官分典禁军先河。李括之后，神策军的统率权掌握在宦官手中，并且，李适还任命太监为各地节度使的监军，为之置印，大大加强了宦官在政治斗争中的筹码。不过终德宗一朝，太监势力并未对皇帝造成威胁，他们只是皇帝制衡朝廷官员的一颗棋子。

唐朝后期，宦官是如何掌控皇帝废立生死的？

唐德宗的儿子唐顺宗李诵当了二十多年太子，在唐德宗病重时，自己也中风了。父子俱病，子不能看父。这个时候，出现了一个大太监俱文珍。唐德宗驾崩，唐顺宗继位，但唐顺宗是一个中了风的皇帝，顺宗在未生病时，周围环绕着以王伾、王叔文、刘禹锡、柳宗元为核心的改革派，继位后虽然生病，还是马上进行改革，史称“永贞革新”。但大太监俱文珍为首的宦官势力是反对革新的，因为顺宗生了病，俱文珍竟然逼迫顺宗“内禅”给太子李纯，是为唐宪宗。因为有拥立之功，俱文珍成为继李辅国之后又一位权倾当朝的太监。俱文珍因功累迁右卫大将军，知内侍省事，总管宫廷内部事务，直接将“二王刘柳”等改革派或杀或贬，这就是史上著名的“二王八司马事件”。宦官俱文珍虽然没有李辅国影响大，但在宪宗时期，也是一个很有实力的人物。

俱文珍之后，最有实力的太监，是四朝元老级大太监王守澄。在宪宗朝，王守澄是侍奉太子李恒的太监。唐宪宗患重病后，王守澄和另一名太监陈弘庆不但不救治唐宪宗，反而在大明宫中和殿弑君，拥立太子李恒登基坐殿，是为唐穆宗。为了剪除其他势力，王守澄与神策中尉梁守谦等合谋派兵，诛杀了对李恒地位有威胁的澧王李恽与拥护澧王的宦官吐突承璀，可谓心狠手辣。因为拥立皇帝有功，王守澄被封为枢密使，位高权重。

唐穆宗当了四年皇帝就死了，太子唐敬宗李湛当了皇帝，王守澄继续把持朝政。唐敬宗是个昏君，大兴土木，不理朝政，酷爱打马球。在他当政期间，竟然发生几起匠人攻入大明宫刺王杀驾事件。虽然唐敬宗没有当场被杀死，但这给他的安全带来严重的威胁。唐敬宗虽然没有死在平民暴动中，但在一次“打夜狐”的游戏后，喝酒喝多了，被一名叫刘克明的太监杀害了，享年才十八岁。

## 宦官你方唱罢我登台，但大都不得善终

敬宗死了，王守澄拥立敬宗之弟李昂为帝，是为唐文宗。“姜还是老的辣”，本来太监刘克明杀死敬宗，是想拥立唐宪宗之子绛王李悟当皇帝的，没想到王守澄黄雀在后，将刘克明和绛王李悟全部杀死，立了李昂。王守澄虽然拥立了李昂，但李昂对于王守澄把持朝政，可以废立皇帝的权威是又怕又恨的，急欲除之而后快。在皇帝与太监的宫廷争斗中，唐文宗成功地剥夺了王守澄的军权，另一名宦官李好古奉圣命毒杀了王守澄。

王守澄死后，另一名大太监仇士良闪亮登场。仇士良本来是一名普通的太监，唐文宗为了夺去王守澄的军权，重用提拔了仇士良，没想到毒杀了一只虎，引来了一只更狠的狼。唐文宗与大臣李训、郑注合谋欲诛杀仇士良等太监，没想到机密泄露，反被仇士良等软禁了唐文宗，并大肆杀戮朝中大臣，李训、郑注、王涯、贾餗、舒元舆、王璠、郭行余、罗立言、李孝本、韩约等朝廷重要官员数千人被杀，史称“甘露之变”。仇士良等宦官“迫胁天子，下视宰相，陵暴朝士如草芥”，唐文宗自比“周

郝王、汉献帝”。唐文宗病重后，大太监仇士良、鱼弘志矫诏废皇太子，立李炎为帝，是为唐武宗。

仇士良胁迫武宗杀死唐文宗的妃子杨氏、陈王成美、安王溶、枢密使刘弘逸，罢宰相李珏、杨嗣复。仇士良专权二十年，杀二王、一妃、四宰相，最后竟得善终，被唐武宗疏远离职病逝。

唐武宗病重无子，另一名大太监马元贽拥立武宗的叔叔李忱为帝，是为唐宣宗。唐宣宗虽然宠信拥立自己的马元贽，但也同时防范着他。有一次马元贽送一条宝带给宰相马植，被唐宣宗知情，立刻罢免了宰相，意在敲山震虎。所以终马元贽一生，并未起什么狼烟，而唐宣宗也因为治国有方，被后世称为“小太宗”。

宣宗驾崩后，另一名宦官王宗实矫诏拥立李漼，是为唐懿宗。王宗实杀死了政敌内枢密使王归长、马公儒、宣徽南院使王居方，不过他拥立的皇帝唐懿宗是个大昏君，他这一任，竟然先后任用了二十一个宰相，民不聊生。唐懿宗病重时，宦官刘行深、韩文约矫诏立李儇为太子，李儇便是唐僖宗。唐僖宗时，把持朝政的是大太监田令孜，僖宗呼他为“阿父”；不过，这时黄巢起义风起云涌，田令孜虽然有权，但权力只限于朝中，哪管得了起义大军。最后好景不长，被义子王建杀死。

唐僖宗病重后，宦官杨复恭拥立李晔为帝，是为唐昭宗。唐昭宗不甘心被杨复恭摆布，杨复恭不甘心拥立皇帝失去权势，双方矛盾激化，竟然发动了战争。杨复恭一方是信服他的干儿子节度使，皇帝一方是忠于他的节度使。最终经过一年多的战斗，唐昭宗胜，杨复恭被杀。但此时的唐朝，君王已失去了应有的权威，非但太监们不拿他当回事，藩镇们更不把他放在眼里，军阀李克用、朱温、李匡威、赫连铎、李茂贞各怀鬼胎，没有一个是真心忠于大唐的，都是想当曹操的军阀。华州刺史韩建竟然软禁了唐昭宗近三年，皇室宗亲覃王嗣周、延王戒丕、通王滋、沂王禋、彭王惕、丹王允、韶王、陈王、韩王、济王、睦王等被杀。而刘季述为首的太监们也不甘心就此退出历史舞台，计划废黜昭宗，拥立太子，可怜的唐昭宗被这些太监们禁锢在少阳院，每日吃饭只能从小窗送进去，堂堂皇帝竟然坐进了太监们自设的牢房。

这些倒行逆施的太监，最后也不得好报，梁王朱温将他们一一诛杀，刘季述、韩全诲等八百多人死于非命。至此，唐朝的太监问题解决了，但唐朝也走到了尽头，后梁朱温时代开始了……

# 缺乏长期意识，皇位更迭“短平快”的五代十国

五代十国时代，是唐朝之后的大乱时代。正像汉朝之后的大乱时代魏晋南北朝一样。东汉的峰值人口大约有五千余万，东汉末年，军阀混战，民不聊生，人口大幅减少，曹操曾在诗中形容“白骨露于野，千里无鸡鸣”，人口最少时只有一千万左右，三国后期和西晋初期，人口有了短暂的繁荣，发展为三千万人左右，但西晋政权很快灭亡，进入了东晋和南北朝时代，天下再次大乱。五代十国时代是中国历史上仅次于南北朝的大乱时代，短短五十多年时间里，你方唱罢我登场，野心家们竞相称帝，政权更替迅速。

五代十国中的“五代”，是指：后梁、后唐、后晋、后汉和后周五个朝代，前面这个“后”字，是史学者编纂历史时命名的，来自于宋朝的史学大家、著有《醉翁亭记》的欧阳修。当时的朝代，叫梁、唐、晋、汉、周。因为在之前的历史上已经出现过同名的朝代，所以欧阳修在修史时给这些朝代前加了一个“后”字。这五个朝代并没有统一全国，基本是在中国北方。“十国”并不只有十个国家，此处的“十”旨在表达国家之多，有前蜀、后蜀、南吴、南唐、吴越、闽、楚、南汉、南平、

北汉等多个国家，并且这些国家大都在中国的南方。

### 北部天下乱糟糟

仅仅五十多年就出现了这么多朝代和国家，可见当时之乱！其实还不止是如此，当时在中国北方，还有辽朝，是由契丹族建立的朝代。

形成五代十国这样的局面，始作俑者是唐朝的农民义军领袖黄巢，说起他不得不提他那首特别出名的《菊花诗》：“待到秋来九月八，我花开后百花杀。冲天香阵透长安，满城尽带黄金甲。”黄巢起义给了唐朝巨大的打击，虽然黄巢没有最终推翻唐朝政权，但唐朝的灭亡，至少有一半的功劳要记在他的身上。

唐朝的终结者是黄巢部下朱温，这是个义军的叛徒，他后来投降了朝廷，反过头来镇压义军，和水泊梁山的宋江被招安差不多。朱温镇压义军很卖力，正如宋江镇压田虎、王庆、方腊为朝廷立下汗马功劳一样，不过，朱温比宋江幸运多了，他受到朝廷的赏识，被唐僖宗赐名朱全忠，先后加封为河南中行营招讨副使、汴州刺史、宣武军节度使、梁王，成为唐朝最大的割据势力。令唐朝皇帝吃惊的是，这个朱温可不像宋江一样讲什么“忠义”，他背叛了黄巢，同样也背叛了唐朝，他像曹操、司马懿一样控制了朝廷大权，随后杀死了傀儡皇帝唐昭宗，又逼唐昭宗的儿子昭宣帝“禅让”给他，改朝换代，成为后梁的开国皇帝。

不过，朱温这个开国皇帝在晚年荒淫无道，竟然强奸儿媳，最后被儿子朱友珪杀死。朱友珪弑父也没得好报，被他的亲兄弟朱友贞杀死。朱友贞也是个无能的皇帝，与晋王李存勖争霸时失败，命令部下皇甫麟将自己杀死殉了国。后梁就这样灭亡了。接替后梁政权的是后唐。后唐的开国皇帝叫李存勖，李存勖是沙陀族人，原姓朱邪，沙陀族是突厥族的一支，之所以姓李，是因为他的先祖平叛有功，被皇帝赐姓皇族李姓的。

李存勖的父亲李克用，和朱温是唐朝的“战友”，官封晋王。朱温建立后梁后，李克用不服朱温管理，仍然奉唐朝皇帝为君，称后梁为“闰朝”，闰朝就是伪朝的意思。唐朝灭亡后，李克用、李存勖为唐朝报仇，打击后梁，最后成功地摧毁了后梁政权，因为自己也姓李，所以他建立的朝代仍然叫“唐”，史称后唐。

后唐政权也没有存在多久，李存勖是李克用的亲儿子，李克用还有一个义子叫李嗣源，李嗣源有一位部下叫石敬瑭，也是沙陀族人。这个石敬瑭作战勇敢，屡立战功，渐渐地头生反骨，掌握河东节度使的大权后起兵造反，借契丹人的兵将后唐灭了，和吴三桂借清兵消灭李自成义军如出一辙。石敬瑭借兵灭唐，建立后晋，他付出了割让燕云十六州给契丹国的巨大代价，还自称“儿皇帝”。宋朝的燕云十六州之痛，就始自于石敬瑭。石敬瑭当儿皇帝的日子也没有多长，后晋的江山亡在了石敬瑭的妹婿杜重威手里。本来石敬瑭死后，继位的侄子石重贵逐渐摆脱契丹人的统治，并最终与契丹人成为仇国，石重贵御驾亲征，多次击败契丹人，但备受重用的晋军主帅、石重贵的姑父却率十万大军投降了契丹人，直接导致后晋亡了国。石重贵的境遇却像后来遭遇“靖康之耻”的徽、钦二帝一样被契丹人俘虏，成为亡国之君。

接替后晋政权的是后汉刘知远政权，刘知远虽然姓刘，却不是汉人，和李存勖、石敬瑭一样都是沙陀族人，刘知远曾经是石敬瑭的部下，同归李嗣源统领，还曾两次救过石敬瑭的命，功高莫过于救驾，因为后晋建立政权后刘知远大受重用，官封河东节度使、太师、北平郡王等职，契丹人灭了后晋后，改晋国为大辽国，刘知远也投降了，并被辽太宗耶律德光称为儿子，不过，刘知远这个“儿子”并不忠于老子，而是在众将的拥戴下在太原称帝，建立后汉政权，并将契丹人赶出了中原。

刘知远还算是个明主，但他的儿子刘承佑是个昏君，猜忌辅政大臣，竟然杀死了辅政大臣杨邠、史弘肇、王章及郭威一家人，直接逼反了郭威。郭威起兵南下，后汉隐帝被杀，遭遇灭家之恨的郭威本来想立刘赟为帝的，但其部下不服，直接拥立他为帝，是为后周太祖。就这样后汉亡了国。郭威无子，死后养子柴荣继位为帝，柴荣既是他的养子，又是他的内侄，柴荣乃五代第一明君，本来很有希望统一全国的，但可惜寿命不长，英年早逝。死后幼子年少，被赵匡胤发动“陈桥兵变”，后周灭亡，北宋建立。

## 南方天下进入“战国”时代

就在北部天下乱糟糟的时候，南边的天下也进入“战国”大混乱时代。“十国第一人”名叫杨行密，他手举百斤，日行三百里，是个长跑健将。他在江淮一带建立了吴国，占据了相当于今天的江苏、江西、安徽南部、湖北东部一带，但并未称帝，称吴王，成功阻止了后梁朱温南进的步伐。杨行密是个战略高手，为了保存自己，他曾与朱温、钱镠共同对付孙儒，灭了孙儒后又与李克用、王建、李茂贞“拥唐讨逆”对抗朱温，他与钱镠长期交战争夺今苏南地区，觉得打不过了就主动讲和。杨行密的子孙就没有其祖的智慧了，南吴仅存在 35 年，杨行密的儿子杨溥就禅位给权臣徐知诰。徐知诰是个曹丕似的角色，他的义父徐温把持了南吴的大权，他逼杨溥退位建立了大齐政权。不过，这个齐政权仅存在了一年，徐知诰便恢复原姓为李，徐知诰便是李昪，大齐政权改成了南唐政权。所以五代十国没有“后齐”，一是时间短，二是齐国与南唐的开国君主是一个人，历史上称这一段时期为“徐齐”。

南唐是南方非常强大的国家，李昪与李璟父子灭闽灭楚，联辽抗周，但第三代国君李煜就没那么幸运了，他是个出色的词人，却是个昏庸暗弱的君主，正如他自己的词中所说：“江南江北旧家乡，三十年来梦一场。”终被赵匡胤所灭；被南唐灭掉的闽国，是被后梁封为闽王的王审知所建，占据福州一带称王，王审知是个明主，至今闽人都纪念他，但他的儿孙个个不肖，太子王延翰继位不久被其弟王延钧杀掉，王延钧称王后又被其子王继鹏弑掉，王继鹏称帝后又被部下所杀，其叔王延曦继位，直至最后终被南唐所灭；另一个被南唐灭掉的南楚政权和闽国命运一样，开国楚王马殷可算明君，割据湖南一带称王，但马殷的儿子们互相争夺帝位，和王审知的儿孙如出一辙，史称“众驹争槽”，最后被南唐所灭。

在四川，西川节度使王建建立前蜀政权，王建是个明君，但他的儿子王衍是个昏庸无道的蜀王，被后唐所灭；后唐灭了前蜀后，因灭前蜀有功的孟知祥继任为西川节度使，不过这位孟知祥也并没有忠心于后唐，而是自己在蜀地称帝，史称后蜀。孟知祥也是个明君，但他的儿子孟昶却是个昏庸无道之君，被宋朝所灭；在岭南，刘岩建立了南汉政权，刘岩是个明君，但其子却个个不肖，继位的刘玢贪图享乐，被其弟刘晟所杀，刘晟也不是什么好皇帝，和儿子刘鋹两代就亡了国，被宋所灭；在浙江、江苏南部、福建东北部一带，镇东节度使钱镠建立了吴越政权，百家姓里“赵钱孙李，周吴郑王”中的“钱”，就是指的是钱镠。吴楚国享国七十二年才被宋所灭，是五代十国中享国最长的国家；在荆州、宜昌、秭归一带，朱温部下南平王高季兴建立了南平国，南平地小国弱，实行摇摆政策，向所有附近称帝的政权称臣，以保全自己，最后被宋所灭。

南方九国乱纷纷，北方除了五代以外还有个北汉政权。北汉就是杨家将中杨业最初保的政权，实则北汉和后汉刘知远政权是一支，开国皇帝刘崇是刘知远的弟弟，郭威灭后汉后，刘崇不服，割据河东十余州在太原称帝，因国力弱小与南方九国并称十国，而没有与五代并称六代，北汉和石敬瑭的后晋一样，称辽为父皇帝，最终被宋所灭。

纵览整个五代十国，子弑父，弟杀兄，急缺雄才大略之主，开国的君主都还算明智，但到了二代、三代昏君居多，所以都享国不长，便被强敌所灭。直到天下出了赵匡胤，才统一了江山，但燕云十六州成为其心中的痛，强大的辽国也成为宋国的威胁，宋朝与辽国争夺燕云的历史因此又拉开了序幕……

# 不杀武功臣和文大夫，宋朝成为“网红穿越朝代”

如果让你选择穿越，你会选择哪个朝代，许多文人都会不约而同地答道：宋朝。许多人纳闷，宋朝有什么好的？史上被称为“弱宋”，三百余年受到辽国、西夏、金国、蒙古的军事威胁，没有完成大一统。相比较，汉朝开疆拓土，卫青、霍去病、陈汤等名将“犯我强汉者，虽远必诛”。唐朝天子被称“天可汗”，四方朝拜。就连明朝，也是“六师屡出，漠北尘清。威德遐被，四方宾服，受朝命入贡者殆三十国”。哪个不比宋朝强呢？是的，从军事上确实如此。但从文人生活的角度，宋朝比之其他朝代，确实有几大优势。

## 宋朝是历史上科学、文化空前发达的时代

如果从军事角度来看，宋朝确实是最不堪的一个王朝，宋朝的军事力量并不是最差的，但即便打了胜仗，朝廷也采用“金钱换和平”的国策。不管是对辽、对夏、对金、对蒙古，皆是如此。宋朝的经济实力，在当时世界属第一，拿老百姓的话说，就是有钱。

最有名的历史故事是“澶渊之盟”，宋真宗在丞相寇准的支持下御

驾亲征，宋军军威大振，射杀辽军主将萧挞凛，“诸军皆呼万岁，声闻数十里，气势百倍”，明明在战场上取得了优势，但最终的结果却是，“宋辽为兄弟之国，辽圣宗称宋真宗为兄”“宋方每年向辽提供助军旅之费银十万两，绢二十万匹”。打胜仗了还赔款，也只有宋朝做得出来。

但宋朝“用金钱换和平”的国策，却给国内换来了极好的发展机遇。“华夏民族之文化，历数千载之演进，造极于赵宋之世”。（陈寅恪语）宋朝经学、史学、文学、科学技术空前发达，数量众多的世界一流远洋船队开始与南洋诸国从事商品贸易，数量达到了 58 个国家。

中国历史上的四大发明，有三大发明“印刷术、火药、指南针”是发明于宋朝或在宋朝得到实际应用的，世界上第一张纸币“交子”也是在那时发明并使用的，写《梦溪笔谈》的科学家沈括，就生在宋朝，被称为“中国科学史上的坐标”。宋朝百万人口的城市达到了五个，城市化率达到了百分之三十，出现了一大批世界首创的制造厂与加工厂，经济上空前繁荣。

如果你选择穿越，是不是愿意生活在这个经济、文化、科技发达，并在世界名列前茅的超级大国呢？

### 宋朝是文人政治待遇、经济条件最好的时代

宋朝“学而优则仕”，鼓励文人们通过参加科举做官，且给做官的文人以极好的政治待遇和经济待遇。宋朝的朝廷大员，纵使不贪，大肆挥霍，估计朝廷给的俸禄也花不完，据说开封府尹包拯的年薪达到千万之巨（折合成如今的人民币），也有说年薪二百万的。为什么会这样，因为宋朝的国策便是号召官员们多挣钱。“多积金，市田宅以遗子孙，歌儿舞女以终天年”，除了固定工资，朝廷还给官员们名目繁多的“职田”“公

用钱”“荫补”“借名食禄”“旬假”等。生活在宋朝的文人只要当了官，那可真是享不尽的荣华富贵。

宋人的科举录取率也是历史上最高的，每次多达几百人甚至上千人；考不上的还可以“恩荫入仕”，也就是皇帝一句话，便可破例录取。所以在整个封建王朝，宋朝的官是最多的。“状元及第，虽将兵数十万，恢复幽蓟，逐强敌于穷漠，凯歌劳还，献捷太庙，其荣亦未及也”，意思是说，只要考上了状元，那社会地位，比收复失地的大将军不知高了多少，这也就是岳飞、狄青等名将郁闷的原因之一。

因为武人地位低下，所以流传“好铁不打钉，好男不当兵”；人们争先当文人墨客，考取功名，于是“满朝朱紫贵，尽是读书人”。文人还有一个“免死金牌”，朝廷规定文人只要不造反就没有死罪，最多流放几年，遇到朝廷大赦又回来了。

经济条件好，政治待遇好，基本上没有性命之忧，在这个时代如果不当个文人，还真是没有抓住历史机遇，所以我们在宋朝看到了许多优秀的“文曲星”降世，包拯、寇准、王安石、欧阳修、司马光、苏东坡一家（“苏门四学士”）、黄庭坚，等等，就连武将岳飞，也同样文采不俗，有《满江红》《小重山》等词作传世。

### 宋朝文人地位，靠一纸三百年执行的“遗训”

宋朝文人的社会地位与经济待遇为什么这样好，渊源在于宋朝的开国皇帝赵匡胤。赵匡胤是个武将，也可以说是当时天下第一武将，但他最喜爱的却是读书。有一次他打仗胜利，别人抢的是金银财宝，他却抢了几车书回来。因为喜欢读书，所以他善于“以史为鉴”，五代十国半个世纪乱世，就是因为武夫你方唱罢我登场，拳头说了算。赵匡胤是从五代十国走过来的，而且取得天下“兵不血刃”，靠陈桥兵变“黄袍加身”，所以他总结了五代十国兴亡的教训，为了江山永固制定了新的国策。

赵匡胤制定了三条“遗训”传之子孙。第一条，柴氏子孙有罪，不得加刑。纵犯谋逆，止于狱中赐尽，不得市曹刑戮，亦不得连坐支属。因为宋朝是从柴荣手中得到江山的，赵匡胤这人还算厚道，他没有像其他王朝一样，杀尽前朝子孙，而是反其道而行之，善待前朝子孙。这是历史上唯一的一次。不但善待前朝皇室，赵匡胤对于开国功臣，也没有像勾践、刘邦那样想方设法杀之，而是“杯酒释兵权”，喝着酒就把这事办了。而且与这些功臣们结成儿女亲家，让他们安心回家做富家翁。赵匡胤此举，给所有的开国功臣们吃下了一颗定心丸。

第二条，不得杀士大夫及上书言事人。俗话说“伴君如伴虎”，古代的大臣们伺候皇帝，其实风险是非常大的，弄不好就被拉出去杀头。但宋朝却是个例外。朝廷明确规定不准杀文人。所以才会出现包拯这样的清官直臣，敢上骂昏君，下骂奸臣。唐太宗面对魏征，是明君的海量与贤明，而宋朝将大臣们提建议的人身保障制度化，就更显得高明。这样一来，皇帝即使不是明君，也要在制度的约束下成为明君。

第三条，为了使后代务必遵循祖宗“遗训”，赵匡胤发下重誓，“子孙有渝此誓者，天必殛之”。赵匡胤的话，后世宋朝皇帝没有一个敢违反的。宋朝三百年历史，只有杀文人的一个例外，那就是杀了张邦昌。张邦昌当了几十天伪楚的皇帝，犯下的是大逆不道之罪。但杀张邦昌的罪名，也不是这个罪名，而是因为他侵辱了皇帝之妃。虽然有祖宗遗训，但朝野上下一致喊杀，张邦昌只得人头落地了。赵匡胤一纸“遗训”，三百年得以执行，文人的生命安全得到保障，同时也保住了宋朝三百年文脉不断。

# 耶律德光：中国唯一一个“木乃伊”皇帝

提起木乃伊，世人会立即想到埃及法老，想到埃及金字塔。那里，装着上古世界的神秘，装着还未知的古代文明。在古埃及，因文化原因，习惯把国王或大臣的尸体制成干尸即木乃伊保存下来。中国古代是没有用木乃伊埋葬帝王的传统的，但一千多年前的辽太宗耶律德光死后却被臣子制成了“木乃伊”。

## 统一契丹的是耶律阿保机的第二个儿子

契丹国，是与北宋并立的一个国家，契丹原来是游牧部落制，由耶律阿保机开国，首称皇帝。耶律阿保机雄才大略，他的妻子述律平“巾帼不让须眉”，他们携手率部几乎杀尽反对他的兄弟及其他七部部落首领，在血腥中登上了皇帝宝座。耶律阿保机虽然统一了契丹各部，但并没有奠定契丹最后的版图，真正实现契丹统一大业的，是耶律阿保机的二儿子耶律德光。

耶律阿保机有三个儿子，大儿子耶律倍，二儿子耶律德光，三儿子耶律李胡。耶律阿保机的皇后述律平是一个很强势的皇后，丝毫不逊色于汉刘邦的皇后吕雉。述律平是马上皇后，曾经率部击败过入侵的蒙古军队，耶律阿保机痛杀反对他的亲族及其他各部首领，都是述律平帮助其最后下的决心，由此可见这个女人之厉害。

耶律阿保机去世后，述律平临朝称制，掌握了朝廷的真正大权，群臣不敢反对。述律平不喜欢大儿子耶律倍，阿保机只好让耶律倍当了东丹国的国王，远离母亲；述律平最喜欢的是小儿子耶律李胡，但耶律李胡是个草包，最后反而是帮助父亲南征北战的二儿子耶律德光继承大统，是为辽太宗。

耶律德光是个很厉害的皇帝，他几乎随同父亲参加了统一契丹的所有战役，南征平州、幽州、镇州、定州，西征吐谷浑、回鹘、党项，俘虏赵思温，大败符存审，攻灭渤海国。后晋石敬瑭对耶律德光自称“儿皇帝”，割让燕云十六州之地给契丹，使耶律德光最后完成了契丹的统一大业，并改契丹为“大辽”。石敬瑭割让燕云十六州给辽国，直接造成了北宋一百多年的失地之痛。

值得注意的是，耶律德光虽然是个雄才大略的皇帝，但却有着嗜杀残暴的缺点，在汉地，他命令契丹兵以牧马为名，实行残忍的抢劫和杀戮，还美其名曰“打草谷”。契丹的杀掠，给汉地造成了巨大损失，后晋被灭时，开封、洛阳附近数百里成为白地，相州城十余万人被屠，几千名后晋官员、宫女、太监被他强行掳回契丹。

### 死在“杀胡林”的耶律德光被厨师制成了“羓”

善有善报，恶有恶报。耶律德光的暴行终于报应到自己身上。汉地的百姓奋起反抗，终于迫使他离开后晋国土，返回契丹本土。返归途中，耶律德光总结了“三失”。第一失，命令各地搜刮百姓钱财；第二失，让契丹士兵打谷草扰民；第三失，没有早点遣派节度使去治理各镇。耶律德光虽有反思，却把罪过归于投降契丹的赵延寿和张砺等人，并没有承认自己作为君王有多大错。耶律德光总结了教训，并拿出了将来治理中原的办法通过写信的方式告诉弟弟耶律李胡：推心置腹、和协军情、抚慰百姓。他没有等到治理中原的那一天，在返回契丹本土的途中去世。

耶律德光病逝的地方，名曰“杀胡林”。当时他得了一种病，中医称为“热疾”，得了这种病的人，是应该戒女色的，太医也这样劝他。但刚愎自用的耶律德光哪里听得进太医们的忠言，他认为他是皇帝，就连看病这种事也是自己说了算，没人敢提出异议。耶律德光认为既然得的是“热疾”，更应该与女色交配泻火，正好俘虏了那么多后晋嫔妃宫女，于是耶律德光在病中坚持寻欢作乐，最后纵欲过度吐血而亡，真是自作孽不可活。

耶律德光死了，如何处理尸体成了问题，当时正是大热的天，不用几天时间，尸体就会发臭。此时朝廷传来太后懿旨，“活要见人，死要见尸”。这可愁坏了一众大臣，天气炎热，路途遥远，如果就直接把尸体拉回去的话，半路上尸体就会彻底腐烂。最后，众臣子经过商议，决定将耶律德光的尸体制成“帝羓”，“羓”是干肉的意思，也就是将耶律德光的尸体制成“木乃伊”，匠人们将耶律德光的尸体“以刃破腹，取其肠胃，涤之实以香药盐矾，五彩缝之，又以尖苇筒刺于皮肤，沥其膏血且尽，用金银为面具，铜丝络其手足”，做成“帝羓”，运送回京。

## 耶律德光被制成中国式“木乃伊”是因为亲情

耶律德光为何被最终制成“帝羓”，这与他的母亲述律太后有关。述律平虽然偏爱小儿子耶律李胡，但跟耶律德光也有很深的感情，毕竟是她的亲生儿子。虽然述律平是一位心狠手辣的太后，当年曾经协助阿保机镇压“诸弟之乱”，屠杀了上百名皇亲国戚，包括阿保机的亲妹妹及妹夫。但从另一方面来说，述律平也有女人母性的一面，耶律德光的突然死亡，让她无所适从，于是下旨“生要见人，死要见尸”。

# 宋朝重文轻武的背后：宁可重用文人贪官，也得卸下武将包袱

宋朝在中国历史上是一个很奇怪的王朝，一方面，宋朝经济发达，文化繁荣，是当时世界上数一数二的经济强国、文化强国，中国最有名的四大发明，有三大发明是在宋朝发明或进入实用阶段的，世界上最早的纸币交子也发明在这个时期；另一方面，宋朝又被称为“弱宋”，先后被辽国、西夏、金国、蒙古这样的少数民族政权欺负，并最终金灭北宋，蒙灭南宋。宋朝有的是钱，人口也不少，为什么会打不过经济实力、文化实力、人口数量远远不如自己的少数民族政权呢？这缘于宋朝实行的“重文抑武”国策。宋朝武将的社会地位太低了，低到了“好男不当兵”的地步，低到了级别高的武将要向级别低的文官让路乃至下跪的地步，低到了武将被文官认作干儿子要兴高采烈的地步。狄青被贬，岳飞被杀，武将的悲惨命运并不是偶然的。

## 宋朝重文抑武的难言之隐：唐朝、五代的藩镇割据把赵匡胤吓坏了

宋朝的江山怎么来的？陈桥兵变，黄袍加身，赵匡胤一夜之间由将军变成了皇帝。但赵匡胤并不是第一个被黄袍加身的将军，在他之前，有

许多将军和他一样，是被逼披上黄袍的。从唐朝中期到五代十国，是武将们的“黄金时期”，唐朝时武将的权力到了皇帝都管不了的地步，五代时的武将更是你方唱罢我登场，有点野心的都想过过当皇帝的瘾。

唐朝走下坡路，来自于安史之乱。安禄山这个家伙，深受唐玄宗和杨贵妃重用与宠爱，但他也是最没有良心的将军。安史之乱并没有让李氏失去江山，但却让唐王“天可汗”的雄风不在。安史之乱后，节度使们掌控了更大的权力，当兵的“唯知其将之恩威，而不知有天子”，部队都不再是天子之兵，而成为节度使们的私人部队了。节度使们就像春秋战国时期的诸侯国一样，拿周王不当一回事了。如果像齐桓公一样“尊王攘夷”还好说，如果像楚庄王一样都去周王朝“问鼎”之轻重，那还不是造反的节奏吗？这还不算，唐朝后期的一些节度使们，根本不是皇帝封的，而是将领们拥戴的，到了五代十国时，这种大逆不道的事愈演愈烈，由拥戴节度使演变为拥戴皇帝，河东节度使石敬瑭被拥立过，后晋大将杨光远被拥立过，后唐大将符彦饶被拥立过，后唐明宗李嗣源被拥立过，至于赵匡胤被黄袍加身拥立，早已经不知有多少先例了。

所以赵匡胤被拥立当了皇帝，心中其实是很害怕的，因为有如此多的前车之鉴，就意味着将领们可以拥立自己，也可以拥立别人。如果这样的事再次发生，自己也将会成为五代时的短命皇帝之一，大宋王朝也不会千秋万代，而是昙花一现。但赵匡胤又是一个仁慈之主，不想大开杀戮，于是他左思右想，想出了一个办法，这就是历史上有名的“杯酒释兵权”。靠一杯酒和哥们义气，让武将们自动放弃兵权，回家当富家翁去了。

## 宁可重用文人贪官，也得卸下武将包袱

从五代十国时代生活过来的赵匡胤，非常明白武将专权的危害，因此“杯酒释兵权”后，着手改革唐朝、五代的统治体制。

一是建立“士大夫民主制度”，不以言论杀人。两宋三百年，除了张邦昌因为当了三十三天皇帝被杀外，基本上没有杀过文官；二是建立用文官限制武将制度，办法是在各地设立文官郡守、知州的同时，设立通判制度，而通判有权力向中央直接负责，汇报当地官员的“德、能、勤、绩、廉”，当然，当地主管知州也有权力向中央汇报通判的优劣。这样形成互相制约；三是在各地设立转运司，转运使由文官担任，负责将各地的财赋、粮食、物资等“转运”到中央，由中央直接掌控财粮大权；四是在各地设立提刑司，提刑官也由文官担任，负责司法。这样，各地的军权、行政权、财政权、用人权、案件审断权等全部由文官担会，权力收归朝廷。而原来由节度使掌管的这些权力被全部剥夺，武将只负责打仗，打完仗后将权力交回。

两宋的武将没有能造反成功的，就是因为制度制约了他们的权力，他们是没有办法造反的。赵匡胤对于文官，也并不是完全放心的，所以设立通判进行制约。他本人还多次微服私访。比如有一次微服私访丞相赵普家，因为他得到了吴越国钱俶给赵普送了“海鲜”的消息，到底是个什么样的“海鲜”需要搞清楚，于是赵匡胤给赵普来了个措手不及，当场翻看“海鲜”，结果是一坛坛黄金，这将赵普着实吓得不轻。但赵匡胤并没有处罚赵普，还让他从容收下，赵匡胤的理由是：“朕令选儒臣干事者百余，分治大藩，纵皆贪浊，亦未及武臣一人也。”这句话的意思是说，即便文官们都是贪官，也比不上一个武将造反的。两宋时期的

贪官如此之多，与皇帝的纵容不无关系。

在赵匡胤的文官政治改革下，宋朝的文官地位得到显著提高，以后世代相传。宋代的文官不只社会地位高，而且物质待遇也高，实行的是“高薪养廉”制度。相比而言，武将的地位低得不得了。名将狄青立下战功无数，但在文臣韩琦面前，竟然吓得瑟瑟发抖，他的部下焦用，被韩琦不顾狄青求情当场斩杀，狄青只得逆来顺受。其实狄青和韩琦是平级的，但韩琦是进士出身，而狄青是行伍出身。而且，狄青最后被以莫须有的罪名贬到陈州，只是因为“怕他造反”，宰相文彦博给出的理由是“没有其他的，就是我们怀疑你，怎么样？”把狄青给活活郁闷死了。

大家所熟悉的，南宋的武将岳飞，立下十大汗马功劳，最后还是被以莫须有的罪名杀害了。武将地位之低可见一斑。中书舍人虞允文在抗金前线激励士气，竟然对前线的将军说如果打胜仗了，我就认你做干儿子，而这位将军不但不恼，反而感激涕零，觉得虞允文抬举他。开国元勋、当朝枢密使大将曹彬，只要一遇到文官坐轿过来，立马让路。这个文臣社会地位高于武将的情况一直到明朝还未改变。

### 代代相传，宋真宗留下“金钱换和平”的先例

文官当权，武将功劳再大也不行，那遇到敌人犯境怎么办？狗急了跳墙，兔子急了咬人，实在没有武将可用的情况下，宋朝只能由文官上阵指挥，竟然也且取得了不错的战绩。

前面所说的负责慰劳军队的中书舍人虞允文就是个文官，在他的指挥下，大破金帝完颜亮，取得采石大捷；宋朝的名相寇准也是文官，就是他在辽国犯境、一片喊逃声中，激励宋真宗御驾亲征的。宋真宗和宰相亲自督战，宋军果然士气大振，射杀辽军主将萧挞览，大败辽军。奇

怪的是，取得胜利的宋军却与辽军签订了“丧权辱国”的和平协议，答应每年赔给辽国银十万两，绢二十万匹。宋真宗对这个赔偿非常满意，重赏了达成这个协议的殿直曹利用。因为宋真宗觉得曹利用太会办事了，这个小小的赔偿，比宋朝用于作战的军费不知少了多少。

宋真宗给宋朝留下了“金钱换和平”的先例，所以宋朝以后多以此办法办之，宋辽自澶渊之盟后，果然达成了近百年的和平。自此以后，宋朝更轻视武将了。宋真宗写了一首《劝学诗》，这样说道：“富家不用买良田，书中自有千钟粟；安居不用架高堂，书中自有黄金屋；出门莫恨无人随，书中车马多如簇；娶妻莫恨无良媒，书中自有颜如玉；男儿若遂平生志，六经勤向窗前读。”举宋全国人民皆向书本看齐，想改变命运，就只有科举一条路。至于练武，那是粗鲁人才干的事，“好男不当兵”就是从这时候开始流传的。

宋皇帝本以为用金钱可以换来永远的和平，因此赔过辽国，赔过西夏，赔过金国，赔过蒙古。但令宋皇帝想不到的是，金朝和蒙古人都是虎狼之师，他们不但要钱，还有灭国的野心。因为灭了你的国，不但能得到金钱，还能得到人口和土地。可见重文轻武是一柄双刃剑，虽没有了武将兵变之忧，却带来了亡国之患。有时候用金钱换和平是不奏效的。最后金国野心膨胀，灭了北宋；而蒙古人干脆把金国、西夏、南宋全部灭掉，开启了新的纪元。

# 南宋的开国皇帝赵构，是偏安一隅还是游刃于南北？

在人们的心目中，宋高宗赵构和秦桧一样，不是什么好东西。君是昏君，臣是佞臣。之所以造成这种印象，是因为他们君臣联手，杀了爱国英雄、大忠臣岳飞。岳飞之死，天下垂泪，直到现在，人们也不能解除恨意，在西子湖畔，秦桧等奸臣还跪在岳飞的塑像面前。宋高宗因为是皇帝，为尊者讳，才没有像秦桧一样跪在西湖边。然而，令人们没有想到的是，这样一个“昏君”把持朝纲，却在岳飞死后，不但没有亡国，反而开创了南宋王朝，与金国、蒙古这样的强敌长期对峙达一百五十年之久，这到底是什么原因呢？

## 宋高宗的大局观

赵构，字德基，宋朝第十位皇帝，南宋第一位皇帝。作为南宋的开国皇帝，赵构可以说是历尽磨难。其实，他只是宋徽宗的第九位皇子，按法统上说是没有资格当皇帝的。但“幸运”的是，北宋遭遇了亡国的靖康之变，徽、钦二帝被俘，其他兄弟姊妹或被俘或被杀，只剩下赵构侥幸得活，成为唯一的正宗赵家血脉。北宋的遗老遗少、爱国精英要想重建宋朝江山，只能拥护他。赵构虽然说不上像刘邦、刘秀那样英明神武，但他在国家危亡时刻，能够聚集群英重整山河，在强大的金国逼迫下，能够与之或战或和地周旋，使金国不得不放弃扶持傀儡政权伪楚（张邦昌）、伪齐（刘豫），不能不说有一定的政治手腕。要知道，他是至高无上的皇帝，岳飞等人再神武，也是执行命令的臣子。

赵构面临的形势，实际上是很复杂的。金国先后扶持了伪楚张邦昌政权、伪齐刘豫政权，对南宋的正统地位发起挑战。虽说南宋是宋朝正统，但改朝换代，尤其是在外国的帮助下改朝换代，在当时的历史条件下是非常有可能的。五代时石敬瑭当辽国的儿皇帝，就是先例。在民间，虽然在面临亡国的情况下有同仇敌忾的情结，但百姓对于初建的南宋政权也并不是很满意，北宋末年有方腊、宋江起义，南宋初期有钟相、杨么起义就是证明。在朝廷内部，事实上也并不是君臣齐心，苗刘兵变让宋高宗提高了警惕。在没有能力收复失地、重整山河的情况下，偏安一隅，以待时机就成为理性的选择。作为一个皇帝，宋高宗首先考虑的是保住皇位，站稳脚跟，发展生产，恢复国力，而要想达到这个目标，就需要远离战争。所以，只要金国肯和，对于赵构来说，是求之不得的“好事”。

摆在赵构面前需要解决的问题是，第一，平定农民起义，不允许百姓造反；第二，将金国阻挡在国境边上，不允许其再前进一步；第三，整顿朝纲，不允许形成藩镇割据甚至造反，形成皇帝集权；第四，努力发展生产，迅速聚集财力，使国家有能力与强敌抗衡；第五，收复失地，重整北宋山河。可以说，赵构就是按照这个思路当皇帝的，哪个臣子与其意见相左，不按照南宋中央的统一部署办事，他是不惜挥起屠刀的。

## 赵构是一个犯过错误的明君

从其他方面来看，赵构虽然不是刘邦、刘秀、朱元璋那样雄才大略的皇帝，但也不能说是一个昏君。然而在杀害岳飞这件事上，赵构却是个不折不扣的昏君，自毁长城，落了个遗臭万年。

赵构之所以冤杀岳飞，归根到底，是因为在赵构的心里，始终将自己的皇位看得比一切都重要。起初，赵构对于岳飞是信任的，但随着岳飞势力的不断壮大，这种信任感却慢慢减弱，转变为恐惧与防范。虽然岳飞的身上刻有“精忠报国”四字，但在宋高宗的心中，这还是不能让他心安。赵构继承了赵宋皇帝怀疑武将的特点，并将其变本加厉地放大了。

另一方面，赵构当年还是亲王时，曾被金军扣留在营中，后来父兄都被金人俘虏，赵构“因祸得福”，这才当上了皇帝。南宋政权初建，赵构迫于形势起用抗战派李纲为宰相，但不久赶走李纲，同宠臣汪伯彦、黄潜善等奸佞小人放弃中原，从南京应天府（今河南省商丘市）逃到了扬州。建炎三年（1129年）二月，金兵奔袭扬州，赵构又狼狈渡江，从扬州逃到了杭州。逃到杭州后，赵构继续派使臣向金朝乞降，哀诉自己“所行益穷，所投日狭”“以守则无人，以奔则无地”，说自己现在已经走投无路了，逃跑都没有地方跑了，求求金朝统治者大发慈悲，看自己可怜，放自己一马，不要再向南进军了。九月，金兵渡江南侵，宋高宗立刻率领大臣南逃。十月，逃到越州（今浙江省绍兴市），随后又逃到明州（今浙江省宁波市），然后又从明州逃到了定海（今浙江省舟山市），到了定海之后，赵构吓得连陆地都不敢待，坐船漂泊海上，随后又逃到了温州（今属浙江省）。直到建炎四年（1130年）夏，金兵撤离江南后，赵构才又回到临安（今浙江省杭州市），并将临安府定为南宋的“行在”。在漫长的逃亡生涯中，赵构对金军金人的恐惧已经深入骨髓，畏金如虎，虽然说岳飞在战场上打得金军连连败退，但是赵构依然迷信金军的强大，他始终不相信宋军可以战胜金军，在他的心中，一直觉得，金军最后一定会赢，到那时，金人的大军杀过来，自己又要颠沛流离，逃亡海上了。因此，他决心要和金人议和。

既然赵构已经决定与金国讲和时，那么对于主战派或杀或贬，就在情理之中了。这边南宋要议和，为了议和可以不惜一切代价；那边金国对岳飞恨之入骨，必要杀之而后快，只要杀了岳飞，就可以议和。金宋两边刀对上了鞘，在这种情况下，岳飞的死局已经注定了。

一个武将，不管立过多大战功，国家需要你时就上战场，不需要你时，就解甲归田，这才是令君王满意的态度，否则就是自寻死路。而岳飞的表现，除了英勇杀敌令高宗满意外，其他都没有交出满意的答卷。乃至最后让高宗动了杀机。岳飞到底有没有罪？秦桧的答案是“莫须有”。一个帝王杀一个臣子，有时不太需要充足的理由，也不需要臣子犯下任何的过错，帝王想杀你就是最大的原因。

赵构当了三十六年皇帝，他是自动退位的，理由是“倦勤”，在赵构当皇帝的岁月里，南宋对金作战有胜有败，如果从数量上看，南宋甚至还胜多败少，但如果从作战的成果上看，南宋的损失远大于金。最终，宋、金两国的君主，通过权衡两国实力，发现金灭不了宋，宋也灭不了金，所以最后两国同意议和。赵构与金国签订的绍兴和议，为南宋奠定了一百五十余年的和平基础。宋、金和平以后，南宋努力发展生产，推行经界法，短时间内使南宋成为农业、轻工业、文化产业、外贸、金融、海洋经济都非常繁荣的国家，按经济实力，南宋是当时世界上最发达的国家之一，这不是一个昏君能做到的。因此，后世对宋高宗的评价是“中兴守成”。

# 辛弃疾：乱世书生的别样人生

辛弃疾，是中国历史上少见的文武全才式人物，他是中国文坛上的一颗“文曲星”，也是中国将坛上的一颗“武曲星”。论文，他与苏轼齐名，并称“苏辛”，又与李清照齐名，并称“二安”，将豪放派与婉约派两大派别尽收囊中；论武，他万马军中取上将首级如探囊取物，曾率五十人冲击金军五万人大营，并生擒叛将张安国，可比肩关羽、张飞、赵云等猛将；论谋略，他有《美芹十论》《九议》等伐金策略名垂青史，如果历史按他的路线走，很有可能改变前进的方向。但这样的一位全能型人才，却大志未伸，高呼“杀贼”而死。南宋之所以灭亡，从用人的角度看，辛弃疾的经历可见一斑。

## 文坛巨擘是个彪形大汉，武艺之高强超乎想象

辛弃疾长什么样？按一般人的思维，吟诗作赋之辈，文弱书生而已。但超乎人们想象的是，辛弃疾并非如此，而是像张飞一样的人物。史载辛弃疾“肤硕体胖，目光有棱，红颊青眼，壮健如虎”。他的好朋友陈亮用一副对联形容他“眼光有棱，足以照映一世之豪；背胛有负，足以荷载四国之重”。从历史记载来看，辛弃疾是个大胖子，炯炯有神的

目光，犹如一把利剑，有棱有角，令人胆寒。他的面颊是红的，让人想起关公，配一双黑色的大眼，活脱脱武圣人模样。“背胛有负”，证明他常年骑马射箭，肌肉发达。这样的人，驰骋疆场，正是一把好手。

辛弃疾武艺高强到什么程度？他追叛徒义端和尚，骑马三天三夜，手刃叛徒，足见其耐性十足；他杀叛徒张安国，竟然率领五十人的骑兵小队，冲入五万人的金兵大营中，想当年张辽张文远，破孙权十万，尚且率领着八百人的魏军；甘宁甘兴霸冲击魏军，也有一百来人的骑兵。金军的实力又不亚于北宋，辛弃疾却只率领五十人便冲击金营，而且是全身而退，成功活捉叛将。其武艺、胆略，足可与张辽、甘宁并称，乃一世之雄也。

但辛弃疾并不是李逵一样的莽夫，而是广有谋略。当年诸葛孔明为兴复汉室，未出茅庐而有“三分天下”之议，名垂青史。辛弃疾为收复失地，向朝廷也提出了《美芹十论》《九议》，提出了明出海陆进攻金国，实则以陆路为明、海路为奇的设想，和当年韩信的“明修栈道，暗度陈仓”有异曲同工之妙。假使辛弃疾的谋略能够得到应用，历史很有可能被改写。

但就是这样一个武艺高强、谋略出众的军事人才，却并没有在朝廷中担任重要的军职。辛弃疾最早是抗金义军的小头目，归顺朝廷后，担任江阴签判、江西安抚使、福建安抚使、绍兴知府、镇江知府、枢密都承旨等职，最高是从四品龙图阁待制。朝廷任用他的职务，主要涉及地方治理；而他的志向却是恢复中原。所以辛弃疾的一生，是在大志未伸的抑郁中度过的，他临死都在喊“杀贼”。

### 不得志时赋词解闷，将才被逼成了词作家

提起辛弃疾，大家都知道他是南宋最著名的词作家，宋朝词坛上，能

与豪放派苏东坡、婉约派李清照同时齐名的，也就辛弃疾了。实际上，辛弃疾能有闲工夫赋词，完全是不得志解闷的产物。如果他整天忙于上阵杀敌，研究对敌军事部署，哪有工夫吟诗唱对。辛弃疾之所以得不到重用，有两方面的原因。一方面的原因是朝廷。南宋朝廷偏安一隅，皇帝少雄才大略，无意收复失地，作为臣子，也只能是徒叹奈何。况且，宋朝建国，对武将防范得特别严，唯恐造成唐朝五代时藩镇割据的现象。所以对于武将是既用又防，武将的社会地位远不如文官。另一方面的原因是辛弃疾的出身。辛弃疾生在北方，他的祖父当过金国的县令，虽然身在金营心在宋，但也改变不了辛弃疾“归正人”的身份。朝廷对于沦陷区过来的中原人，是有一些看不起的，他们是遭受打压的。这也是辛弃疾终生不得重用的原因之一。

辛弃疾把洗雪国耻、收复失地作为自己的毕生事业，所以在他的词中，爱国的主题占了一大部分，正如他词中所说：“了却君王天下事，赢得生前身后名。”但他郁郁不得志，“可怜白发生”，辛弃疾在朝廷中一直是受排挤的对象，大臣们弹劾他的两大罪名，一是“好杀”，二是“好色”。受排挤的辛弃疾曾几度辞官不做，对朝廷任命他的官职不满意，拒不上任。有一段时间，辛弃疾归隐田园，试图过陶渊明那样的生活，“大儿锄豆溪东，中儿正织鸡笼。最喜小儿无赖，溪头卧剥莲蓬”，但他终归待不下去，心中对国还是有不舍。直到六十多岁，他还接受朝廷的任命，最后一次是因为病重实在去不了，临终时仍呼杀贼。他一生给后世留下了六百多首诗词，奠定了他在诗词界“词中之龙”的地位。

**辛弃疾是南宋少有的性情中人，直率坦诚**

辛弃疾，是南宋朝廷里少有的性情中人。他有两个好朋友，一个叫陈亮，一个叫朱熹。自古“谈笑有鸿儒，往来无白丁”，这两个人都是历史上鼎鼎有名的人物。陈亮是南宋著名的思想家、文学家，豪放词派中“永康学派”的创始人，一生力主抗金，痴心不改，其《中兴五论》名垂千古；朱熹则是宋代大儒，理学大师，是影响千年的人物。辛弃疾一生中最好的朋友，不过这二人矣。有一年，辛弃疾约三人聚会，朱熹因故未到，而陈亮从八百里外赴约，要知道那时候没有汽车、火车、飞机等交通工具，为一个约会而不顾千里之遥，可见其诚信，也可见他们之间深厚的友谊。辛弃疾与陈亮喝了十几天酒，因为有共同语言，不忍分离。陈亮告别后，辛弃疾竟然骑马追之，两人交好程度，令人惊叹。陈亮死后，辛弃疾作《祭陈同甫文》，怀念之情溢于言表。

另一个朋友朱熹，与陈亮曾有“王霸义利之辩”，但这并不妨碍三人之间的兄弟关系。这主要表现在朱熹失势去世后，无人敢去祭拜他，唯有辛弃疾，从很远的地方来到朱熹坟前，留下“所不朽者，垂万世名；孰谓公死，凛凛犹生”十六字而去，真汉子所为也。

辛弃疾的性情，还表现在对女人的态度上。据考证，辛弃疾一生先后有三位夫人，六个侍女，六个侍女的名字分别是“整整、钱钱、田田、香香、卿卿、飞卿”。辛弃疾在上饶的时候，夫人患病，辛弃疾便请来医生为夫人诊治。正好名叫整整的吹笛婢女在旁伺候，辛弃疾便对医生说：如果你把我的老妻治好了，我就把这个婢女送给你。没过几天，辛弃疾的夫人病真的好了，辛弃疾便兑现诺言，真的把婢女整整送给了医生。辛弃疾一生不得志，英雄落魄，幸好还有美人环绕，也算是对他的人生慰藉吧。

# 皇帝都希望千秋万代，布衣天子朱元璋也不例外

明朝末年农民起义，明朝最后一个皇帝崇祯皇帝上吊自杀，近二百万皇族宗亲被屠杀殆尽。朱元璋为后代儿孙精心设计的“幸福”之路，以悲剧收场。

## 朱元璋是史上最自私的皇帝

朱元璋可以说是历史上最自私的皇帝，“天下者，人人之天下，有德者居之，无德者失之”，明朝的天下虽是朱元璋打下来的，但是他忘了这一条古理，犯了和秦始皇一样的错误。秦始皇开创大一统的秦朝时，妄想千世万世都姓嬴，他是秦始皇，二世、三世不绝于世，乃至子孙万代都是秦朝天下。想必死后的秦始皇万万没想到秦朝到了秦二世便被灭亡了。秦二世胡亥昏庸无道，致使陈胜、吴广愤而发动了农民起义，从根本上动摇了秦王朝的统治。朱元璋也是一样，他扫平北元，建立明朝，固然是替中华民族立下大功，但这并不是他一个人的功劳，而是所有元勋的功劳，所有汉人的功劳。揽大功于己，犹如揽大错于己。

朱元璋建立大明王朝后，办了两件大事。一是借胡惟庸案和蓝玉案

等大案要案，株连功臣良将，几乎把和他一起打天下的开国元勋诛杀殆尽；二是大封宗室王亲，为了姓朱的享万世之福，朱元璋制定了有利于朱氏的一系列制度。比如皇子被封为亲王后从十岁起就可以领“工资”，而工资是最高官员的七倍；比如皇族不必从事任何职业，便可坐享其成；比如皇族的婚丧嫁娶等费用全由国家承担，皇族人员只需待在王府里便可。最可笑的是，为了防范亲王们与其他地方势力谋反，朝廷规定亲王终生只能待在王府里，不准与其他地方搞串联。日子虽好，但等于被软禁了。养朱如同“养猪”。

猪的结果，是养肥了被杀；朱室皇族享尽了人间繁华，却不必做出任何贡献，难道不像养肥了待杀的猪吗？朱氏皇族在明末被屠杀，其实是朱元璋制定一系列有利于皇族制度种下的因果。表面上是宠朱氏子孙，实则是害了朱氏子孙。

**皇族聚天下财富，不杀皇族，百姓如何生存？**

因为朱元璋制定了一系列有利于朱氏皇族的制度，各地官府又不得不执行，所以造成三方面的后果。第一，朱氏皇族在王府里无所事事，除了吃了睡、睡了吃外，就是饱暖思淫欲，娶美女生孩子。拿庆成王朱钟镒为例，他自己率先垂范，生育子女九十四名，孙子辈一百六十三名，曾孙辈五百一十多人。整个王府当主子的达到千人之多，认都认不过来。庆亲王只是一个缩影，其他王爷也不在话下，嘉靖年间山西有封爵的朱姓皇室后代有一千八百五十一名，万历年间河南有五千多个皇族后代。据当代学者推测，明代皇族人口增长率是全国平均人口增长率的十倍，在全国形成了百万朱氏皇族大军。注意，这些朱氏皇族都是肩不能扛，手不能提，不用从事任何劳动但报酬丰厚的“废物”。

第二，朱氏皇族人口多、工资高，造成了财政的巨大负担。全国的土地、财富集中到了朱氏皇族手里，拿明朝中叶“土地”一项为例，景王、潞王四万顷，福王两万顷，桂王、惠王、瑞王各三万顷，吉王七八十万亩，整个河南居然有一半土地姓朱。虽说“普天之下，莫非王土”，但如此强度地集中土地，而土地的主人又不从事劳动，天下的财富被少数人占有，那么，其他的大多数人如何生存？

第三，到了明朝末年，天下闹大灾，国家却没有赈灾之粮，国库甚至空虚到没有军饷镇压义军，实际上是真没有钱，因为钱都集中在朱氏皇族每一个家庭里面。之后李自成起义，屠杀朱氏皇族，并攻到北京，当用刑讯逼供的手段逼要钱财时，李自成攫取到令人惊叹的财富。这些财富连皇帝都要不出来，号召他们捐款更是不可能。但最后，这些舍不得拿出钱财的人，连整个家族的命都搭上了。

### 社会矛盾严重激化，皇族成为底层仇恨的对象

朱元璋本来是农民起义军出身，他自己就是生活在最底层的农民，连饭都吃不饱，并且当过和尚。按道理来说，朱元璋是最了解底层民间疾苦的。但朱元璋打下天下当了皇帝后，却并没有从根本上吸取元朝灭亡的教训，而是怕他的子孙像他一样过穷日子，于是，利用手中的权势将他的朱氏子孙养起来。

起初，王朝刚刚建立，皇帝励精图治，农民也过上了相对不错的日子。但时间长了，二百多年过去了，朱氏子孙达到了百万之众，要知道，这是不用纳税的一个庞大群体，而底层的农民，纳税额度随着皇族的增多越来越大，遇到天灾，就到了活不下去的地步。李自成就是因为失了业，像朱元璋当初一样活不下去了，才起兵造反的。

明末的社会矛盾已经激化到了极点，农民生活在水深火热之中，遇到天灾，朝廷竟然舍不得拿出粮食赈灾，农民实在无路可走，只好揭竿而起。兔子急了还咬人，何况是人。为了一口饭，抢大户成为常事。江南奴变，就是富户家奴仆没有活路而反抗的结果。

明朝一直提倡气节，官员平日也大多以气节自矜，以犯言直谏、因此受罚为荣，但遇到农民起义和外敌入侵，反对朝廷的却比比皆是。为什么？因为老百姓的日子太苦，活不下去了。因此，当李自成起义反明，提出均田免粮，立马有老百姓响应造反；清军入关，将奴仆变为佃农，解除了一些人的奴婢身份，也收买了一部分人的人心。社会矛盾激化的时候，朱氏皇族成为人们最仇视的对象，众叛亲离，其结果只能是自取灭亡。

### 改朝换代，清朝屠杀前朝皇族是必然结果

将“朱”养得这么肥，除了农民起义军向他们挥起屠刀外，还有试图改朝换代的清朝。清朝除了屠杀前明皇室攫取财富外，还有一个重要目的就是斩尽杀绝前朝皇室，防止他们东山再起。虽然残忍，但像赵匡胤那样善待前朝的，毕竟是少数。而屠杀前明朝皇室，斩草除根成为古代历史上大多数新朝统治集团的做法。

朱氏皇族由百万之众减少到所剩无几，农民起义军是第一刀，清军入关是第二刀，大清迁都北京之后扫清前明余孽是第三刀。明朝覆灭后，国内还有许多反清复明组织，失败的义军也开始以明朝皇室后裔为旗帜，比如天地会、红花会、白莲教等。清朝廷对于这些组织，是抓住一个杀一个，不留后患。直杀到姓朱的成为少之又少的小众群体。

朱元璋万万没有想到的是，他为子孙万代设计的享福之路，最后造成朱氏一族的浩劫。

# 靖难之役，朱棣为什么能篡位成功？

在中国历史上，重演了两次皇帝削藩、藩王造反的战争。但战争的结果，却截然不同。西汉王朝的汉景帝削藩，以镇压“七王之乱”而告终，继续延续了“文景之治”的汉景帝时代；大明王朝的建文帝削藩，以建文帝下台，造反的藩王朱棣取而代之而告终，开创了“永乐盛世”的明成祖时代。战争之后都是盛世，但皇帝不同。前者是皇帝仍继续当他的皇帝，后者是藩王当了皇帝还开创了一代盛世，两个朝代，两种不同的极端结果，这到底是什么原因呢？

## 汉景帝的统治手段比建文帝高明得多

同样是皇帝，汉景帝比建文帝高明得多。汉景帝是开创“文景之治”的皇帝，可以说是雄才大略。西汉皇帝之中，汉景帝刘启可以说是重重地写上了一笔，刘启可不是一个容易对付的人，在他当太子时，就曾因为下棋争个高低暴打吴王刘濞之子刘贤，而且还出了人命，竟然一棋盘把刘贤给拍死了！当了皇帝后，刘启也是个心狠手辣的角色，晁错是个忠臣，向他提出了削藩的建议，但他为了平息叛乱，竟然答应了叛王们的要求，腰斩了晁错。这样的狠心，丝毫不逊色于乃祖刘邦。从这一方面来看，建文帝比汉景帝就软弱得多，他的叔叔朱棣都造反了，他还对朱棣下不了狠手，告诉前方的将士们不得杀害皇叔，期望以后有和解的机会。但朱棣可不这么想，他是一心想除去侄皇帝的。

刘启的统治，也比建文帝高明得多，他为人节俭，不大兴土木修建宫殿；他重农抑商，劝课农桑，禁谷酿酒，禁粟喂马，轻徭薄赋，与民休息，实行无为而治的统治策略，使国力得到很大提升，开创了“文景之治”的盛世局面。在对待叛乱上，为了国家的统治，他决策果断，不管是杀晁错，还是派周亚夫平定叛军，从不优柔寡断。而在这方面，建文帝就表现得不尽人意，不具备一个优秀帝王的特质。

建文帝是一个书生皇帝，他拜三位大儒为师，如果论学问，建文帝重用的黄子澄、齐泰和方孝孺无人能出其右，但如果论兵法作战，这三位可以说都是纸上谈兵的人物。秀才遇到兵，如何战而胜之？所以，建文帝的“建文新政”跟汉景帝的“文景之治”不可同日可语，建文帝的治国经验和平叛手段，比汉景帝差了何止一大截？

### 朱棣的英明雄武比刘濞高出一大截

同样是造反，西汉王朝的刘濞跟大明王朝的朱棣根本不在一个档次上。刘濞虽然也是马上王爷，曾经在秦末帮助刘邦打天下立下战功，但跟朱棣比，就差了许多。刘濞造反时，表面上是七王之乱，声势浩大，但这七王并不团结，刘濞也没有统一指挥七王的权威和能力。所以，所谓的七王之乱，真正铁了心造反的，只有刘濞一王。其他各王都是看风使舵的角色，对于造反配合不够。刘濞也不是善于听从合理化建议的明主，他拒绝了田禄伯的分兵建议和桓将军的长驱直入建议，失去了出奇兵作战的战机，使周亚夫从容截断了他的粮道，终于陷入进退两难的境地，最后兵败被杀。

而朱棣是朱元璋所有皇子中最厉害的皇子，曾长期与蒙古人作战，两次率师北征，招降过蒙古乃儿不花，生擒过北元大将索林帖木儿，具有丰富的作战经验，虽只北平一城之地，但其军队却是明军中最精锐的，军事实力在诸王之中占据魁首。

不只如此，朱棣具有司马懿般的隐忍狡猾性格，装病欺瞒建文帝，暗自招兵买马，其志就在问鼎帝位。朱棣造反，北方诸将多为其旧部，因此投降者众，这为朱棣提供了先天的成功条件。朱棣的军队不只有汉兵，还有精锐的蒙古铁骑，他重用当时的“黑衣丞相”姚广孝，而姚广孝又是当时可以比肩刘伯温的智者，同是藩王，朱棣的优势比刘濞多出许多。

## 人才储备，汉景帝比建文帝优势明显

如果论兵员，汉景帝和建文帝的军队数量也差不了多少，甚至建文帝的军队数量比汉景帝的还要多。毕竟汉景帝面对的是七王之乱，而建文帝面对的仅仅是一王之乱。但这两位帝王面临的历史环境不同。汉文帝给汉景帝留下了一些足以安定江山的人才。比如周亚夫，就是汉文帝给汉景帝留下的一批优秀人才，汉景帝又培养了一批人才，周亚夫、窦婴、栾布、郦寄、刘武、张羽、韩安国等，后来都成为平定七王之乱的大功臣。尤其是周亚夫，是汉文帝千叮咛万嘱咐交给汉景帝的备用人才，正是在七王之乱的危急时刻派上了大用场。

相比汉景帝，朱元璋在世时，为了子孙的千秋万代，利用胡惟庸案和蓝玉案，大开杀戒，几乎杀光了明朝所有的开国名将。他万万没有想到造反的是他最优秀的四儿子朱棣。建文帝面对皇叔的造反，几无可用之将。他在朝廷中重用的都是纸上谈兵的儒生，仓促之间派上战场的耿炳文，是个善守的将军，跟朱棣、姚广孝相比，并非敌手，所以遭遇大败。接替耿炳文的李景隆，更是一位纨绔子弟，虽然都是名将之后（耿炳文的父亲耿君是朱元璋最早的左膀右臂；李景隆的父亲李文忠是明朝开国大将），但早已失去了乃父之风。建文帝的军队虽然人数众多，但远不如朱棣的少而精。所以，战争的胜负向朱棣一方倾斜，最终建文帝以一国之力，也没有战胜朱棣一城之兵。

# 敲响大明丧钟的明末三大案

明朝坐享276年江山，至崇祯帝而亡。与其他亡国之君不同的是，崇祯帝饱受人们同情，史学界将明朝亡国的责任追溯到万历帝。《明史·神宗本纪》盖棺论定："故论者谓明之亡，实亡于神宗，岂不谅欤。"一种流传数百载的说法是，"明朝不亡于崇祯之失德，而亡于万历之怠惰"。万历帝到底做了什么，让人们对他如此非议呢？一般认为，"明末三大案"敲响了明朝灭亡的丧钟。

**怠政三十年，"梃击案"到底是谁导演的戏？**

万历帝是个奇葩的皇帝。他是明朝在位时间最长的皇帝，在位时间长达48年。前期的万历帝是个励精图治的好皇帝，虽然十岁即位，但辅政的张居正、高拱、高仪皆是当世名臣，张居正改革使明朝的国运一度有复兴之兆。万历帝亲政后，著名的"万历三大征"扬了大明的国威。但张居正死后，万历帝像突然变了性情一样，竟然长达三十年不上朝，成为"八不皇帝"：不出宫门、不理朝政、不郊、不庙、不朝、不见、不批、不讲。历史上的怠政皇帝，没有一个超过万历帝的。

万历帝为何三十年不上朝，与万历帝和朝廷大臣的"国门之争"有关。万历帝的皇后未曾生育，长子朱常洛是太后的宫女王氏与万历帝一次偶然的相遇而生，但万历帝并不喜欢王氏，与她只是“一夜情”而已，所以也并不喜欢王氏生的这个儿子。万历帝最喜欢的妃子，是郑贵妃，郑贵妃也给万历帝生了一个儿子叫朱常洵，万历帝打算立朱常洵为太子。但他的这一想法遭到了朝臣的激烈反对，根据立长不立幼原则。这一争就争了十余年，所以万历帝久未立太子。最后还是朝臣们取得了胜利，万历帝拗不过朝臣们，非常不情愿地立朱常洛为太子。

朱常洛虽被立为太子，但并不受父亲万历帝的待见。而且，万历帝从此以后不再上朝，这一时间长达近三十年之久。忽有一日，一个叫张差的砍柴人持枣木棍打入紫禁城东华门，直奔太子朱常洛居住的慈庆宫前，要不是太监们拦着，这位普通的砍柴人，就要直接持棍暴打太子了。这就是有名的“梃击案”。蹊跷的是，一名普通的砍柴人，持棍闯宫，竟然无人可挡，还打伤了太监李鉴，差点成功地“刺杀”太子朱常洛。张差的口供或说是受郑贵妃手下太监庞保、刘成指使，或说是闯宫告状，但从无人拦阻这个情形来看，里应外合的情况比较真实。也有怀疑是朱常洛为了保住太子之位，自编自导了这一出闹剧的。闹到最后，张差被以疯子论斩，郑贵妃和朱常洛本人都摆脱了干系，稀里糊涂了结了此案。

虽说“梃击案”并没有被深究，但明眼人都知道，这个案子肯定不是“疯子”张差的发疯所为。没有内应，没有一定的准备，张差是不可能打入东华门的。紫禁城宫禁森严，普通人连门边都近不了，何况持棍攻入，这置大内高手们于何处？如果一个人可以这么轻易地攻破东华门，这个人又不是勇冠三军的大将军，那明朝早就灭亡了。但更蹊跷的是，其背后的力量也挺糊涂的，派一个普通的砍柴人去戒备森严、高手林立的紫禁城用枣木棍暴打太子？结果只能是成事不足，败事有余，这是何必呢？所以有人便怀疑是朱常洛自己导演的，用以诬陷郑贵妃，以保住尊位。不管事情的真相如何，这反映了明朝的宫廷此时的矛盾已经公开化了。万历帝怠政，恶果已现。

**一月天子，“红丸案”的主角朱常洛死于何因？**

经历过“国本之争”和“梃击案”的朱常洛就是在战战兢兢中熬到了万历帝驾崩，他继位时，已经二十八岁了。朱常洛的母亲，只是太后宫中一名普通的宫女，与万历帝“一夜情”后生下朱常洛，在不得已的情况下才被册封为王恭妃，王恭妃虽有生子之功，但并没有再见到万历帝，居住在宫中以泪洗面乃至失明，最后忧郁而死，所以朱常洛一直有很强烈的自卑感。“三十八年的媳妇熬成婆”，朱常洛终于等到了当皇帝的这一天，他决心励精图治，好好大干一番事业。

但命运只给了朱常洛十天时间，在这十天时间里，他精神焕发地参加了登基大典，并发放一百万银两犒赏辽东三军巩固国防，“罢免矿税、榷税、撤回矿税使”休养生息，增补阁臣使朝廷中枢有效运转，一副大干一番、中兴大明的架势，于是“朝野感动”，这可是万历帝怠政三十年不上朝之后的大事啊，大臣们认为终于选对了明君。

但朱常洵的亲妈郑贵妃也开始了她“亲近”泰昌帝朱常洛的步伐。第一步，她从自己宫中精选出了八名美女献给朱常洛，朱常洛欣然笑纳。三十八年了，终于等到了这一天，就该三宫六院七十二妃三千佳丽，享享先皇曾经的风光。可惜的是，朱常洛的身体不争气，很快他就生病了，到底得了什么病，太医们也说不清楚。

因为有郑贵妃献上八名美女在先，或疑是纵欲过度。奇葩的是，最先给泰昌帝治病的，是内官崔文升。崔文升的身份很可疑，他本是郑贵妃宫中的亲信太监，泰昌帝继位后，升为司礼监秉笔太监，他是受郑贵妃的指使，以掌御药房太监的身份给朱常洛看病的。也就是说，崔文升虽然是御药房的头，但他是太监却不是太医。崔文升怎么给朱常洛看的病呢？给皇帝开的药是“大黄”，名曰“通利药”，结果朱常洛一夜拉屎三四十次，拉的整个人都脱了形了。当时崔文升的用药就受到了朝臣的激烈攻击。给事中杨涟说认为“贼臣崔文升不知医”，朱常洛的外戚认为“崔文升药，故也，非误也”，一个不知医的太监受人指使，故意坏了皇帝的性命，而非误诊。

在朱常洛身体被肆意破坏、群臣束手无策的情况下，鸿胪寺丞李可灼进“仙药”红丸一试。朱常洛服用红丸后，起初还好，称李可灼为“忠臣”，但五更后驾崩。这位饱受宫廷斗争的天子，只当了一个月皇帝，健康了十天，便魂归帝陵。

### 移走了李选侍换来了魏忠贤，东林党是胜是败？

朱常洛虽然只当了一个月天子，但他却有三位皇后，七位嫔妃。生了七位皇子、十位公主。其中孝和皇后王氏生朱由校，孝纯皇后刘氏生朱由检，这两个儿子都当了皇帝，即天启帝和崇祯帝。朱常洛虽然有三位皇后，但这三位皇后都福薄，原配妻子孝元皇后郭氏没等到他当上皇帝就去世了，生下朱由校的孝和皇后王氏也是如此，未等到朱常洛当上皇帝就去世，她去世后儿子朱由校由朱常洛最宠爱的妃子李选侍抚养。而朱由检的亲生母亲孝纯皇后被朱常洛暴怒之下逼死，年幼的朱由检也交由李选侍抚养。也就是说，李选侍抚养了两位皇帝，虽非皇后，但却是两位皇帝的养母。

李选侍很受朱常洛宠爱，又抚养了两位未来的皇帝。可谓“德高望重”。朱常洛继位后，答应封她为贵妃，但李选侍太贪了，非要当皇后。结果朱常洛拒绝了她这个要求。令李选侍失望的是，朱常洛的命太短了，连贵妃也没有来得及当，朱常洛就驾崩了。朱常洛在位时，李选侍理所当然地居住在乾清宫。但朱常洛驾崩后，群臣怕李选侍“垂帘听政”，让她迁居仁寿店哕鸾宫。这真是人一走茶就凉，李选侍坚决拒绝，但最后胳膊拧不过大腿，被强行迁出，这就是著名的“移宫案”。

不过李选侍的命运还是不错的，虽未像吕后、武则天之流在政治上有所作为，但她最终被养子天启帝封为康妃，明朝灭亡后还被清廷善待，寿高八十而终。

天启帝是个著名的木匠皇帝，东林党人虽然将李选侍移出了乾清宫，防止了太后专权，但他们没有想到的是，一个更厉害的角色在天启朝掌握了至高无上的权力，他就是大名鼎鼎的太监魏忠贤。明朝自万历帝三十年怠政、泰昌帝“三大案”当了一月天子，迎来了木匠皇帝时代。党争加剧、太监临朝、腐败透顶的明朝还能支撑多长时间呢？

# 明清对藩王的管理：明朝王爷不能进，清朝王爷不能出

三皇五帝夏商周，秦汉三国两晋收，隋唐五代辽金宋，元明清朝在后头。中华泱泱五千年历史，历朝历代各有其长处及弊端。有的亡于外戚，有的亡于藩王，有的亡于阉宦，有的亡于外敌，有的亡于内乱，不一而足。往往后朝取代前朝，吸取前朝所犯的错误，却又犯了另外的错误，循环往复，形成黄炎培所说的历史周期论。拿明、清来说，明朝鉴于汉晋分封惨剧和唐代藩镇割据，所以采用分封就藩制，“外卫边陲，内资夹辅”，分封皇室子孙控驭各地，防止外姓臣僚跋扈，但却发生了燕王朱棣的靖难之役；清朝怕燕王故事重演，采取另一个极端措施，不准王室出京，却养出了一帮无兵无权的八旗子弟寄生虫，内忧外患之时帮不上多大忙，尽受八国联军的耻辱。

## 明朝的分封就藩制大开历史倒车

其实明朝的分封就藩制并没有创意，早在周朝时，武王就曾大封天下，姬姓子弟都成为诸侯王，开国功臣姜子牙也被封齐地。后来的春秋五霸、战国七雄，如果论起远亲，其实都是一家子干仗。最后秦朝扫平

六国，一统华夏。分封就藩制虽然有弊端，但周朝却存在了八百年，客观地说，也自有其优点。周朝以后，汉朝、晋朝都曾分封诸子为王，朱明分封，只是步其后尘而已。

朱元璋是农民出身，同时也是军人出身。在历史上纯农民身份打下天下并坐稳天下的，也就朱元璋一人。和他差不多的刘邦还是个亭长呢，比他官大且日子好过得多。对于农民来说，最注重的是血统，其次才是异性兄弟。所以不管异性兄弟们立下多大功劳，在他的心目中也比不上朱姓子弟亲近。朱元璋可以狠下心来对异性功臣大开杀戒，但他却不会对朱姓子孙动手。而且，朱元璋杀了异姓功臣，就是为了给朱姓子弟腾地方，让他们掌握权力。在他的心目中，即便朱姓子弟自相残杀，最后的胜利者也是姓朱，肥水不流外人田。

朱元璋一共生了二十六个儿子、十六个女儿，除了早夭及涉案自尽的，有二十三个儿子被封王。封王有其弊端朱元璋不是不知道，但权衡利弊，他还是选择了这条道路。其一他认为“元亡而实未亡也”“非亲子弟不足以镇抚而捍外患”，所谓“打仗亲兄弟，上阵父子兵”，他需要最信任的人守卫国门；其二他用朱姓亲王制衡功臣勋将，不能将权力都落入外姓人手里；其三是效法古人，“朕封诸子，颇殊古道”，朱元璋认为分封诸子没什么不对，周朝和汉朝，各有江山八百年和四百年。分封没有错，错的是没有管好。

为了管好藩王，朱元璋规定藩王不奉诏不准进京，以防“玄武门兵变”这样的悲剧发生，藩王可三年进京朝见一次，这样的时间间隔可以有效防止藩王与内廷勾结。藩王三年进京一次但不准同时进京，这样防止了藩王之间互相串通勾结。朱元璋想的是对的，明代，除燕王朱棣以外，确实没有发生藩王作乱事件，也没有发生“玄武门兵变”那样的惨剧。

朱棣是个例外，但朱棣确实是被逼造反的。如果建文帝不削藩，可能朱棣还是做他的燕王，虽然有些不甘心，但也不见得会造反。朱棣取代建文帝后，还是继续削藩，而且他把藩王的军权和行政权都剥夺了，藩王在朱棣以后，完全成了富家翁式的，尽情享受朱氏幸福生活就是了，根本就没有了造反的欲望和本钱。但物极必反，当李自成造反时，清军进军中原时，朱姓的藩王们都成了废物，丝毫没有抵抗能力，到明朝灭亡时，姓朱的皇室大姓，百万人遭到屠杀，差点没有杀绝。这可是朱元璋和朱棣没有想到的。

## 清朝的王室不准出京制养出寄生虫

清军入关，建立起全国性政权后，吸收明朝统治的经验和明朝灭亡的教训，改革了统治制度。对王室贵族的管理，也另立新章。

清朝也不是不封王，清朝有很多王爷，而且是世袭的。不过清朝的爵位世袭有鲜明的特点，一代更比一代低。第一代为亲王，下一代就降为郡王，再下一代就降为贝勒，一代低于一代，直到平民为止。这有效地避免了王爷头衔一代更比一代多。明朝就是后来养不起这么多皇室宗亲了，清朝不存在这种情况。另外，清朝的王爷，只有爵禄，但没有军权、行政权等，且不准离京，永远生活在皇帝的眼皮子底下。王爷可以参政，身份很高。但如果想造反，本钱不足。因为清朝的王爷不准出京制度，当年慈禧太后和慈安太后为了对付顾命八大臣，想跟恭亲王商量个事，恭亲王奕䜣还得化妆出京，偷偷地进了避暑山庄。

但清朝的王爷不准出京制度也有弊端。一是这么多王爷在京，难免与朝中大臣相互勾结，形成派别。康熙时期的“九子夺嫡”、咸丰时期的“辛酉政变”，王爷们没少参与。如果王爷想弑君，那更是很方便的事情。二是王爷们被“虚封”，实际上成了“寄生虫”，形成不了强大的王族势力，如果外臣或外戚形成强大政治势力，清朝廷是没有反抗的能力的。慈禧太后控制朝政，王族无兵与她对抗，顾命八大臣连自己的命都顾不了。三是遇有外敌，这些成了“寄生虫”的王爷们，无力保家卫国，只有挨宰的份，和明朝的王爷们差不太多。英法联军和八国联军进犯中国的时候，这些本来应该出力的王公贵族们，都束手无策。八旗子弟由英勇无敌的战士，变成了只会拎着鸟笼子逛街的纨绔子弟。

### “家天下”理念“因私”必被历史淘汰

明朝的藩王分封不准进京与清朝的王爷虚封不准出京，是两个执政的极端，各有利弊。之所以形成这种状况，皆是因为建立在“家天下”私有制的基础上的。建立在家天下执政理念基础上采取的措施，必然得不到广大人民群众的支持。所以我们看到，不管是明朝还是清朝，当遇到亡国之恨时，广大人民群众是“观众”角色，谁当皇帝群众也是顺民，亡不亡国又有什么关系呢？

明朝亡国时，农民军打朝廷，清军打朝廷，明朝的大臣们全都投降，剩下了崇祯光杆皇帝无奈上吊。当初朱元璋着意分封的王室宗族们，这会儿都成了砧板上的肉，任人宰割；晚清之时，八国联军进犯中国，许多群众帮着侵略军打清军。

清朝的灭亡，不只是军事实力不够，实在也是“家天下”众叛亲离，而共和理念深入人心。不得不说，维持了几千年的“家天下”理念，到了寿终正寝的时候了。取而代之的是，“天下为公”的思想成为历史发展的必然趋势。

# 清朝皇帝个个勤政，为何也挡不住国家衰落?

清朝的皇帝，是满族人当皇帝，和元朝蒙古人统治中国没什么区别，是少数民族为王。中国历史上少数民族为王的事例不少，五胡十六国南北朝时，北方中原大多以少数民族为王，五代十国时的皇帝，以少数民族为王的也有不少。元朝与清朝，更是少数民族在政治上发展的极致，完成了江山的大一统事业。尤其是清朝皇帝，开疆拓土奠定了江山近代的版图。但清朝皇帝尤其是末代几位清朝皇帝，又是非常屈辱的皇帝，割地赔款的事都让他们干了，而他们也并不算是多昏庸的君，也不是多懒惰，甚至算得上勤政，这是什么原因呢？

## 清朝专制达到封建社会的顶峰，寿终正寝的时候到了

自秦始皇以来，百世皆行秦政，发展到清朝时，已经经过了两千多年，皇帝也有了四五百个。我们称这个时代为封建社会时代。中国的封建社会历时太长了，活了两千多岁，到了清朝这里，其专制发展到了极致。“清代多令主，最下亦不失为中主”，清朝的皇帝，除了末代慈禧太后垂帘听政外，其他皇帝都是大权独揽的。皇帝通过南书房、军机处、责任内阁等制度强化皇权，以一人统领天下，而六部（吏、户、礼、兵、

刑、工）为清朝最高执行机关，不过，这种中央集权制度也给近现代政治管理系统提供了借鉴。清朝是中国历史上封建社会管理制度最完备的一朝，最多时有十九个藩属国，国土面积极盛时达到一千三百一十六万平方千米。

然而，清朝也是文字狱最发达的时候，人们是没有言论自由的，吟个“清风不识字，何故乱翻书”就有杀头之罪。为什么？“清风”不就是影射清朝吗？如果这样联想起来，反朝廷罪就犯上了。“前代文人受祸之烈，殆未有若清代者。故雍乾以来，志节之士，荡然无存”（柳诒徵），清朝的文字狱严重禁锢了思想，堵塞了言路，摧残了文人的精神，清代诗人龚自珍云：“避席畏闻文字狱，著书只为稻粱谋。”在这种残酷的高压下，中国的传统文化，也因此而扭曲变形。清朝编纂的《四库全书》，虽名为保存国粹，实际上是别有用心地为了达到钳制思想的目的，在许多方面，造成了极为恶劣的影响。

清朝不是一个开放的国度，闭关锁国造成人们认知的狭隘。就连林则徐那样的睿智之臣也不例外。清人甚至认为英国人的腿不会打弯，因为这个原因所以他们不下跪。一个朝代老与不老，得看他们执政时焕发的生机。清朝与当时世界上其他国家比起来，没有任何生机可言。在西方资本主义社会焕发出惊人的力量时，清朝却在封建社会的夕阳里垂死挣扎。是资本主义国家的坚船利炮惊醒了这位垂死的老人，然而，他已无力回天，终于在要求改变的革命浪潮中退出历史舞台。

### 努力的方向错了，再勤奋也是南辕北辙

清朝皇帝的勤政，是有目共睹的。最著名的勤政皇帝，当属创建康乾盛世的康熙、雍正、乾隆三位皇帝。最有名的当属雍正皇帝，他身为

皇帝，“以勤先天下”，每天不到四点就起床，批阅奏折开始工作。做到了“不巡幸，不游猎，日理政事，终年不息”，可以说当皇帝当到雍正这样，几乎是一点娱乐也没有了。除了工作，几乎没有任何业余爱好。论勤之方面，作家二月河评论雍正是历史之最，“康熙、唐太宗，还有秦始皇这些勤政君主，没一个比得上他的”。

康熙、雍正给后代子孙开了个勤政的好头，后代的皇帝也确实勤政，没有几个昏君。但清朝最后还是灭亡了。清朝为什么会灭亡，有多种原因。清朝的皇帝很勤政，基本上没有太昏庸的君主不假，但勤政与振兴国家并没有直接的逻辑关系。明朝的末代皇帝崇祯不勤政吗？既勤政又节俭，但他亡了国。清朝的皇帝勤政，只是在封建专制的框架内，并没有突破封建社会的窠臼，亦没有改革开放的思维，这才是最要命的弊端。

人们很喜欢拿康熙皇帝与沙俄的彼得大帝做比较，这是两位最著名的大帝，同时也是中国与西方发展的分水岭。康熙皇帝是清朝最睿智的皇帝，他甚至喜欢科学，对西方科学广有研究。但康熙皇帝的喜欢，只是个人爱好，并没有上升到国家层面“旧貌换新颜”。他的喜欢，并不代表他对西方科学技术的看法有什么改变，仍然认为其是“奇技淫巧”，而满族人的战马弯弓才是正宗。

反之彼得大帝，与康熙皇帝大为不同。俄罗斯曾是农奴制国家，但彼得大帝主动去先进的资本主义国家学习，他在荷兰东印度公司当过船长，在普鲁士学过射击，在英国参加过议会会议，将先进国家的工厂、学校、博物馆、军火库及各种管理制度尽数参观学习，回国后立即进行“改革开放”，使俄罗斯由落后的农奴制国家迅速转型为资本主义国家。今日的俄罗斯如此强盛，就是彼得大帝奠定的基础。

中国古代有个南辕北辙的故事。清朝的皇帝勤政不假，但那是南辕北辙的勤政，加强封建专制，是阻碍中国的发展。到了光绪皇帝那里，本来可以向西方学习，通过戊戌变法使国家完成转型的，却又遇到了慈禧太后的顽固阻挠，清朝的命运就此终止。

**清朝皇帝的屈辱，成了中国知耻后勇的动力**

中国有句俗话，叫“知耻而后勇”。堂堂大清王朝，世界上最大的国家之一，却遭受西方列强的污辱到如此程度，葡萄牙侵占了中国的澳门，英国侵占了中国的香港，沙俄侵占了中国数百万平方千米的土地，日本侵占了中国的台湾，西方列强无不涌到中国分一杯羹，圆明园被抢被烧，皇帝被迫逃命。普通百姓更别提了，任人宰割。中国在清朝赔的款，更是不计其数，侵略者们靠中国的赔款，甚至能使他们的国家从此振兴。

正是清朝的屈辱，警醒了中国人。中国的仁人志士们，发现封建专制不能救中国后，奋起反抗推翻了这个专制的政权，民国由此诞生。知耻而后勇，正是孙中山等革命党人们深深感觉到了中国的屈辱，才奋起反击，辛亥革命是屈辱到极致的结果。

# 纳兰性德：人生若只如初见

纳兰性德是清朝最著名、引发后人纪念最多的词作家。唐诗、宋词、元曲、明清小说，在中国文学的历史上，清代的小说是占有一席之地的。写词的人，最盛名的是宋朝。但纳兰性德是个特例。他的《纳兰词》至今仍在文坛熠熠生辉，“人生若只如初见”成为当代文人们的口头禅。纳兰性德到底有什么样的经历，能够写出这么优美的词句，使后人们念念不忘呢？

**身居高位，志向却在山水间**

纳兰性德出身官宦世家，他的父亲是纳兰明珠，是康熙朝重臣，当过内务府总管、刑部尚书、兵部尚书、都察院左都御史、武英殿大学士、太子太傅，在康熙议撤三藩、统一台湾、抗御沙俄等外敌中起到重大的辅助作用，可以说是权倾朝野。纳兰明珠是满洲正黄旗人，根红苗正。纳兰是个复姓，又称叶赫那拉氏，和后世的慈禧太后是本家。所以，纳兰性德是标准的官二代、富二代，既不差钱又不差权。

纳兰性德非但是官二代、富二代，还与皇帝沾亲。他的曾祖父叶赫那拉・金台吉是皇太极生母叶赫那拉・孟古哲哲的兄长；他的母亲，又是努尔哈赤之子英亲王爱新觉罗・阿济格的女儿。这样，纳兰性德就有了一半皇族血统，他的母亲是正宗的爱新觉罗氏。正因为有这一层关系，纳兰性德仕途顺利，当然，纳兰才华横溢，也不是全靠关系成就的。

二十二岁时，他在进士考试中考中二甲第七名。但因为他是皇亲国戚，“相国”之后，所以康熙帝任命他为三等侍卫，后来又升为一等侍卫，得以跟随康熙大帝南巡北狩，吟诗作赋。可以说，如果走仕途，前途一片光明，地位不会低于其父。

但纳兰性德偏偏志向不在于此，他无心追名逐利，认为侍从生活庸俗而疲惫。“身在高门广厦，常有山泽鱼鸟之情”，他所向往的，是陶渊明似的山水田园生活，“采菊东篱下，悠然见南山”。一个高官，却淡泊名利，注定了与其他官员“道不同，不相为谋”。

屈原不就是吗？众人皆醉我独醒，出淤泥而不染。纳兰性德亦如是，所以他的心是痛苦的，乃至无法自拔。正因为此，才成就了他为后世推崇的不朽诗篇。

### 情深似海，却遇红颜多薄命

纳兰性德这样的人，是性情中人。但是，他一生的感情生活却并不顺利。

依父母之命，媒妁之言，纳兰性德娶了两广总督卢兴祖之女卢氏。卢氏是一位美丽而贤惠的女子，很快就俘虏了纳兰性德的心，二人开始沉浸在爱河里不可自拔。纳兰性德过了三年的幸福日子，但红颜薄命，幸福的日子在三年后因为卢氏的难产戛然而止，那个时代医疗条件差，即便是纳兰这样的官宦家庭，也没能挽救卢氏的生命。“谁念西风独自凉，萧萧黄叶闭疏窗，沉思往事立残阳。被酒莫惊春睡重，赌书消得泼茶香，当时只道是寻常”，可见，其对妻子的衷思之情，溢于言表。

卢氏去世后，纳兰性德又娶了官氏为妻，颜氏为侧。这两位女子并没有给纳兰性德带来多少幸福。在纳兰性德最后的日子里，一名奇女子的闯入令他眼前一亮，沈宛是江南才女，才貌双全，才情、气质都与纳兰性德相似，在人生的最后岁月里，纳兰性德拥有了一位红颜知己。二人诗词和鸣，情深意笃。但按照当时的规定，旗人与非旗人不得结婚，因此，命中注定二人不可能光明正大在一起，这也给了二人幸福之余的痛苦。带着这份复杂的感情，纳兰性德竟然走到了生命的尽头，仅仅三十岁就因病而逝，剩下孤单的沈宛和肚中的遗腹子，“雁书蝶梦皆成杳，云窗月户人悄悄。记得画楼东，归骢系月中。醒来灯未灭，心事和谁说。只有旧罗裳，偷沾泪两行”（沈宛词）。

### 红楼一梦，乾隆断言隐明珠

纳兰性德诗词优美，红学研究者常常将其与千古著作《红楼梦》联系在一起。其实，最先这样做的，却是康熙帝的孙子乾隆大帝。

当年《红楼梦》一经问世，和珅将《红楼梦》送到乾隆案头，乾隆读罢说了一句话：“此盖为明珠家事作也。”也就是说，乾隆皇帝认为，《红楼梦》隐喻的是纳兰明珠家的家事。作为明珠的长子，纳兰性德自然成为《红楼梦》中的“主角”。

在真实的历史中，纳兰性德与曹雪芹祖父曹寅都是大内侍卫，算是同事关系，后曹寅外放江南任江宁织造，曹寅的生母曾是康熙乳母，因为有这层关系，曹寅当过皇帝侍读，也就是说，他与康熙皇帝是“同学”，所以，纳兰性德、康熙皇帝、曹寅算是发小，打小一起玩大的。后来明珠家遭罢黜，曹家也落败，难怪乾隆帝将《红楼梦》与明珠家联系起来。而红学家们的推动，更提高了纳兰词的知名度，直到现在还风传民间。

# 左宗棠：晚清最后的“鹰派”

晚清四大名臣是：曾国藩、李鸿章、张之洞、左宗棠。曾国藩以平定太平天国起义而著称，李鸿章以签订丧权辱国协议而闻名，张之洞是洋务运动的翘楚，左宗棠则为祖国的统一大业做出了突出贡献。他是有大功于中华者，仅收复新疆一项，青名千年不朽矣！

## 少有才名却榜上无名

左宗棠少有才名，十八岁时，“天下府志第一”的《遵义府志》作者、长沙岳麓书院山长贺长龄便“以国士见待”。这位贺长龄并非只是作家、教授，他后来担任云贵总督兼署云南巡抚，是省部级干部，他亲眼看中的人物，岂可小觑；左宗棠的第二个人生伯乐，是晚清另一位中兴名臣胡林翼，他看中左宗棠是个人才，将他推荐给了清朝“睁眼看世界第一人”林则徐；左宗棠的第三位人生伯乐，便是林则徐，二人第一次见面，林则徐便认定将来“西定新疆，舍君莫属”，可谓慧眼如炬。

但左宗棠并未像其他人一样，金榜得中。相反，他是屡试不中。左宗棠也不是学习不好，长沙府试时，他考了个全省第二名的好成绩；在湖南巡抚吴荣光的湘水校经堂学习时，七次考试他都名列第一；在乡试中也以“搜遗”中第，是个举人。这么优秀的人才，受到这么多名家的青睐，却在会试中六年屡试不中，也算清朝“高考”中的奇葩。

从左宗棠的个人经历上来看，晚清教育上的腐败，没有中底层，而是在最高层。估计左宗棠的会试主考官，是个“腐败分子”，或是个“八股混账”，空长着一双大眼，却看不到面前高人。

左宗棠虽然“高考”不第，但并不影响他从政的理想。他不仅熟读儒家经典，还是一位经世致用之大才。左宗棠读书破万卷，将含有历史、地理、军事、经济、水利等内容的名著视为至宝。高榜不中，左宗棠在封疆大吏陶澍家当了八年私人教师，这八年是他知识的积累期，他将陶家藏书全部读了个遍。这段经历，虽然没有什么高官显位，但为其人生奠定了丰厚的知识基础，为其以后出山做好了充分的知识准备。

### 凭实力获权臣赏识

左宗棠是从战乱中出山的。太平天国起义成就了许多清朝战将，左宗棠亦是其中之一。

在“中国首位驻外使节”、湘军创建者之一郭嵩焘的劝勉下，左宗棠成为湖南巡抚张亮基的幕僚军师，大败围攻长沙的太平军，随后，左宗棠当了湖南巡抚骆秉章的六年幕僚，因接济曾国藩部军饷以夺取被太平军所占武昌之功，被任命为兵部郎中，这是左宗棠因“军功”第一次走上政治舞台。

左宗棠虽未因考试名震朝野，却因当幕僚军师引起皇帝注意，也算是剑走偏锋。太平军在湖南战斗不顺，左宗棠的计谋起了关键作用，清军主帅没有什么声名，左宗棠倒是隔着门缝吹喇叭——名声在外，当时就有“天下不可一日无湖南，湖南不可一日无左宗棠”的传说。虽然只是一名幕僚，但胡林翼、郭嵩焘、潘祖荫、肃顺等清朝重臣纷纷向咸丰皇帝举荐左宗棠，可见他的名望已到声震朝野的地步。

这靠的是什么？靠的就是实力。所谓“乱世出英雄”，左宗棠的真才实学，让他不用通过走榜上题名的“正途”，也可以直达宫阙。而就在这个时候，靠着以镇压太平天国起义被誉为清朝“长城”的曾国藩，成为了左宗棠的第四位伯乐。

由于曾国藩的慧眼识金，左宗棠直接从一名跟随曾国藩襄办军务的幕僚，举荐为浙江巡抚。从一个普通人直接到省部级干部，真乃乱世捷径也。

曾国藩为什么有这么大的权限？因为他是钦差大臣、两江总督，离开他，清朝有亡国之危，所以咸丰帝对他言听计从，只要能消灭太平天国，曾国藩说任用谁就任用谁。

左宗棠就这样走马上任了，他不是因为血缘，不是因为拉帮结派升官的，他是有真本事的人，做这个浙江巡抚，对他来说绰绰有余。太平军在他手里屡吃败仗，由浙江巡抚到闽浙总督，由闽浙总督到加太子少保衔、赐黄马褂、封二等恪靖伯，后又改任陕甘总督协办大学士，赏加一等轻车都尉世职，左宗棠的每一次军功，换来一次次的升迁。

我们知道看人的角度不同，对人的评价亦不同。对于太平军、捻军来说，他是杀人的魔王、罪大恶极的刽子手；对于清朝廷来说，他是难得的护国忠臣良将。

### 三大功勋成就英名

林则徐预言的新疆之患，在左宗棠成为清朝重臣后终于发生了。此时真是内忧外患，内有太平军、捻军起义，外有列强侵略。同治四年，浩罕汗国的阿克麦吉特要塞司令阿古柏入侵中国南疆地区，并于同治六年成立“哲得莎尔”王国，自称“毕条勒特汗”，得到了沙俄及英国侵略者支持，沙皇俄国亦趁机侵略新疆伊犁，日本此时暴露了侵华野心，侵占我国台湾。是“塞防”还是“海防”，在朝廷引起极大争议。

在朝堂内，以李鸿章为首的力主以“海防”为先，主张放弃塞防；而湖南巡抚王文韶则主张塞防；左宗棠等人则力主海防与塞防并重。如果听了李鸿章的，那后果不堪设想。幸亏最终朝廷采纳了左宗棠的建议并任命左宗棠以钦差大臣督办新疆军务，全权节制三军，一场轰轰烈烈的平叛新疆战役就此拉开序幕。

林则徐曾在伊犁为官，慧眼结识左宗棠，他认为左宗棠是“非凡之才”“绝世奇才”，特地将自己在新疆整理的宝贵资料全部交付给左宗棠，这些资料对于左宗棠平叛新疆起到了重大作用。而海防派则对新疆平叛起到了掣肘作用。左宗棠节节胜利之际，海防派竟然要左宗棠的部队适可而止，英国人建议清廷将阿古柏独立势力认做藩属，而左宗棠坚持建议将新疆建立行省，和内地一样。事实证明，左宗棠高屋建瓴。如果新疆当时成为藩属国，那现在是什么样子尚未可知。所以，坚持新疆建省，是左宗棠平定新疆后为中华统一立下的第二大功。

左宗棠的第三大贡献，是他坚持台湾设省。台湾是中国的一个省，事实上是从左宗棠开始的。台湾设省之前，是归福建管理的。左宗棠坚持改福建巡抚为台湾退抚，是台湾设省的开始。后世对左宗棠毁誉参半，大多质疑他曾经与英法联军勾结，镇压太平军、捻军起义。其实对于左宗棠来说，他是清朝的重臣，自然会遵照皇帝的圣旨平叛，至于和外国侵略者合作，只不过是利用而已，是当时的权宜之计。这从左宗棠后来指挥抗法战争中可以看出，左宗棠对于主和派，是深恶痛绝的，对于同是曾国藩门徒的同僚李鸿章，因他是主和派和海防派，左宗棠对其评价极低，“对中国而言，十个法国将军，也比不上一个李鸿章坏事”“李鸿章误尽苍生，将落个千古骂名”。

左宗棠临死，犹思报国：“臣督师南下，迄未大伸挞伐，张我国威，怀恨平生，不能瞑目。”和李鸿章相比，他才是真正的国之栋梁！

# 后　记

“会当击水三千里，自信人生五百年”是我的座右铭之一，而我从事写作这个职业最要紧的也是这句话。

为人处事也好，做学问也罢，哪怕是修修补补的差事我都习惯于先了解、吃透它，再去做。而一旦去做了，便要拼尽全力去做好，这便是我的个性。

耗时一年有余，陆弃说小史系列图书终于迎来出版之日，这实在是值得庆祝的一件事。这两本小史中的文章大多是在我的博客、微博和今日头条上发表的作品，在网络平台的累计阅读量超过一亿，其中还有多篇文章一时成为“爆文”。因此我决定将其中影响较大、反响较好的文章集结成册，以飨读者。

自媒体时代，让许多人能够拥有展现自己的舞台，我也不例外。自博客时代伊始，我便笔耕不辍，坚持写作十五六年。从博客、论坛到微博，再到今天的头条、公众号等公共网络平台，我的写作经历贯穿整个中国的互联网文学发展史。

相信以后我也会一如既往地坚持写下去。因为我知道，人活于世，如同白驹过隙。如意也好，困顿也罢，于浩瀚历史长河中，都只是一段微不足道的幻灭景象。千金不为多，毫厘不为少，人的一生中唯有思想能够永久流传下来，让生命得到有意义的延续。

两本小史出版期间，受到了许多专家学者、网络大V的关注和支持。除此之外，发行方大吕文化与华龄出版社的工作人员为本书的编辑、校对、排版和设计奉献了大量精力，在此一并予以致谢。

由于我的水平有限，书中不足之处在所难免，诚请广大读者指正，特驰惠意。

陆弃

2020年10月20日